中关村
Z-Park
ZHONGGUANCUN SCIENCE PARK

中关村国家自主创新示范区

发展报告

中关村科技园区管理委员会　编

ZHONGGUANCUN
SCIENCE PARK
DEVELOPMENT REPORT

2013

北京出版集团公司
北京出版社

图书在版编目（CIP）数据

中关村国家自主创新示范区发展报告. 2013年 ／ 中
关村科技园区管理委员会编著. — 北京 ：北京出版社，
2014.3
ISBN 978-7-200-10464-6

Ⅰ．①中… Ⅱ．①中… Ⅲ．①高技术开发区—经济发
展—研究报告—北京市—2013 Ⅳ．①F127.1

中国版本图书馆CIP数据核字 (2014) 第033841号

策划编辑　于　虹
责任编辑　白　珍
装帧设计　云伊若水
责任印制　宋　超

中关村国家自主创新示范区发展报告（2013）
ZHONGGUANCUN GUOJIA ZIZHU CHUANGXIN SHIFANQU FAZHAN BAOGAO（2013）
中关村科技园区管理委员会　编
＊
北 京 出 版 集 团 公 司
北 京 出 版 社 出版
（北京北三环中路6号）
邮政编码：100120
网　址：www.bph.com.cn
北京出版集团公司总发行
新 华 书 店 经 销
北京京华虎彩印刷有限公司
＊
889毫米×1194毫米　16开本　13.875印张　210千字
2014年3月第1版　2014年3月第1次印刷
印数1—1 000册
ISBN 978-7-200-10464-6
定价：120.00元

质量监督电话：010-58572393

《中关村国家自主创新示范区发展报告（2013）》

编纂委员会

目　录

第一部分　中关村示范区2013年发展综述 ………………………………… 1

第二部分　专业领域子报告 ………………………………………… 23

中关村示范区2013年产业发展报告 ………………………………… 25

中关村示范区2013年人才发展报告 ………………………………… 45

中关村示范区2013年创新发展报告 ………………………………… 71

中关村示范区2013年创业发展报告 ………………………………… 95

中关村示范区2013年科技金融发展报告 …………………………… 119

中关村示范区2013年国际化发展报告 ……………………………… 141

第三部分　园区子报告 ……………………………………………… 161

中关村示范区海淀园2013年发展报告 ……………………………… 163

中关村示范区昌平园2013年发展报告 ……………………………… 173

中关村示范区大兴生物医药产业基地2013年发展报告 …………… 197

第一部分

中关村示范区2013年发展综述

目 录

一、高新技术产业快速成长，中关村对首都乃至全国创新发展作出新贡献

·· 5

（一）产业规模继续壮大 ···················· 5

（二）产业结构不断优化 ···················· 7

（三）创新能力持续提升 ···················· 8

二、深化落实"1+6"先行先试政策，中关村体制机制创新和政策先行先

试取得新实效···························· 9

（一）中关村创新平台运行良好 ················· 9

（二）深化落实6条先行先试政策效果初显 ·········· 10

（三）研究提出新的政策创新突破建议 ············· 10

（四）其他先行先试改革工作顺利推进 ············· 11

三、建设中关村人才特区和国家科技金融创新中心，加快高端创新要素集聚

·· 11

（一）加快建设中关村人才特区 ················· 11

（二）启动建设中关村国家科技金融创新中心 ········· 12

四、不断优化有利于创新创业的环境，培育和强化企业创新创业主体地位

·· 14

（一）大力推动政产学研用协同创新体系建设 ········· 14

（二）不断优化有利于小微企业孵化和成长的创业环境 …………… 14

（三）持续支持创新型企业做大做强 ……………………… 15

（四）不断完善法制环境和创新文化环境 ………………… 15

五、突破一批重点领域关键核心技术，进一步发挥中关村战略性新兴产业策源地作用 ………………………………………………………… 16

（一）率先突破一批关键核心技术和标准 ………………… 16

（二）加快战略性新兴产业领域重大科技成果产业化 ……… 18

六、坚持规划引领，推动中关村战略性新兴产业集群创新发展格局加快形成 ……………………………………………………………… 18

（一）建立"一区多园"工作体系 ………………………… 18

（二）加快"两城两带"建设 ……………………………… 19

（三）大力打造特色产业基地 …………………………… 20

七、整合利用全球资源，进一步提高国际化发展水平 …………… 20

（一）整合利用全球资源能力不断提高 …………………… 20

（二）技术"走出去"日趋活跃 …………………………… 20

（三）出口增速近5年来首次上升至两位数 ……………… 21

（四）国际交流与合作持续深化 …………………………… 22

2012年,在党中央、国务院的亲切关怀下,在部际协调小组成员单位的指导支持下,在北京市委、市政府的正确领导下,中关村国家自主创新示范区[①]贯彻落实党的十八大、中央经济工作会、全国科技创新大会和北京市委十一次党代会、北京市科技创新大会精神,牢牢把握科学发展的主题和加快转变经济发展方式的主线,从建设具有全球影响力的科技创新中心的高度出发,以加快培育形成拥有技术主导权的战略性新兴产业集群为核心,加强战略谋划和顶层设计,坚持政府引导与市场机制相结合,整合资源,聚焦重点,深化落实国务院"1+6"系列先行先试政策[②]并提出5条新的政策建议,积极争取国务院批复同意了中关村空间规模和布局调整方案,加快推进中关村军民融合科技创新示范基地建设,积极争取"一行三会"等九部委与北京市共同研究制定了支持中关村建设国家科技金融创新中心的意见,出台了战略性新兴产业集群创新引领工程实施方案,推动科技创新和高新技术产业发展迈上了新台阶,对全市经济社会创新发展的贡献率进一步提升。

一、高新技术产业快速成长,中关村对首都乃至全国的创新发展作出新贡献

(一)产业规模继续壮大

2012年中关村示范区总收入达到2.5万亿元,同比增长超过25%,是2008年的2.4倍,约占全国高新区的1/7;企业实缴税费1445.8亿元,同比增长超过50%,约是2008年的3倍;企业利润总额1788.6亿元,同比增长16.6%,是2008年的2.5倍;实现出口261.7亿美元,约占全市出口总额的近40%。2012年中关村高新技术企业增加值超过3600亿元,接近2008年的2倍,占全市GDP比重达到20%,比2011年提升1个百分点,对首都经济增长贡献34%左右,为首都稳增长、调结构、促发展作出新贡献。

---

① 简称"中关村示范区""中关村""示范区"。
② "1+6"系列先行先试政策,"1"是指搭建中关村创新平台,"6"是指国务院同意在中关村开展科技成果处置权和收益权改革、完善股权激励个人所得税政策试点、制订股权激励试点方案审批实施细则、科研项目经费管理体制改革试点、建立统一监管下的全国场外交易市场、完善高新技术企业认定试点等6条先行先试政策。

2008—2012年中关村主要经济数据一览表

表1

年度	2008	2009	2010	2011	2012
总收入（亿元）	10222.4	13004.6	15940.2	19646.0	25025.0
工业总产值（亿元）	3805.1	4120.5	4988.0	5831.6	6494.7
增加值（亿元）	1934.1	2263.7	2615.1	3111.0	3647.5
利润总额（亿元）	726.3	1122.4	1298.9	1533.9	1788.6
实缴税费（亿元）	504.0	658.7	767.2	925.8	1445.8
出口总额（亿美元）	207.4	208.2	227.4	237.3	261.7
资产总额（亿元）	14393.2	18862.8	22615.9	29191.1	40386.9
人均总收入（万元）	108.6	122.4	137.7	141.9	157.8
人均增加值（万元）	20.5	21.3	22.6	22.5	23.0

图1 2008—2012年中关村总收入及同比增速数据图

图2 2008—2012年中关村利润总额及增长率数据图

图3 2008—2012年中关村增加值及占北京市比重数据图

（二）产业结构不断优化

现代服务业高端引领优势明显，2012年实现总收入约1.7万亿元，同比增长37.2%，对示范区经济增长贡献率超过70%，成为首都现代服务业发展的重要引擎。设计服务业带动文化创意产业快速增长，文化创意产业实现总收入超过5000亿元；先进制造、生物医药、电子信息等领域保持快速增长势头。产业结构实现现代服务业与高端制造业、科技与文化融合发展，初步形成现代产业体系。示范区绿色经济的特色，有力提升首都经济发展的质量和效益，2012年示范区人均总收入157.8万元，人均增加值23万元，万元增加值能耗仅为全市平均水平的1/5。

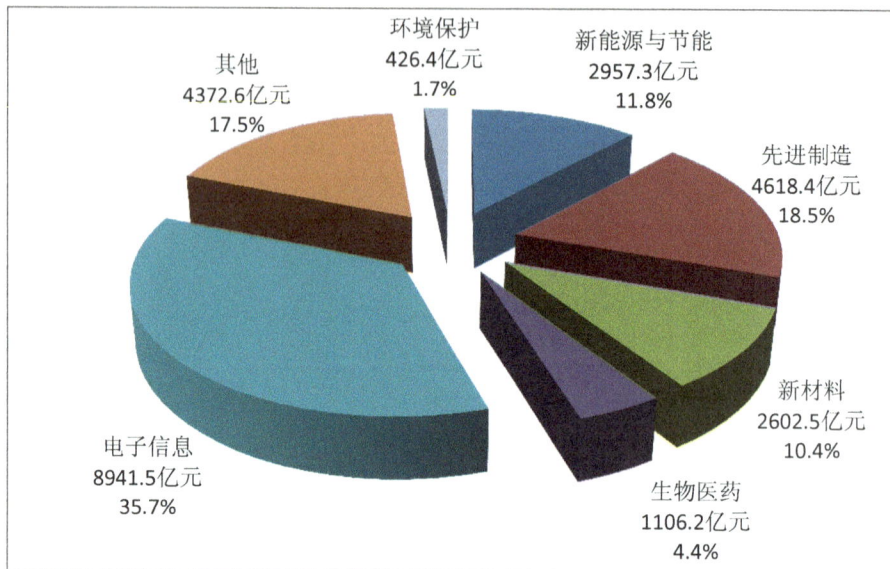

图4　2012年中关村主要技术领域总收入及占比数据图

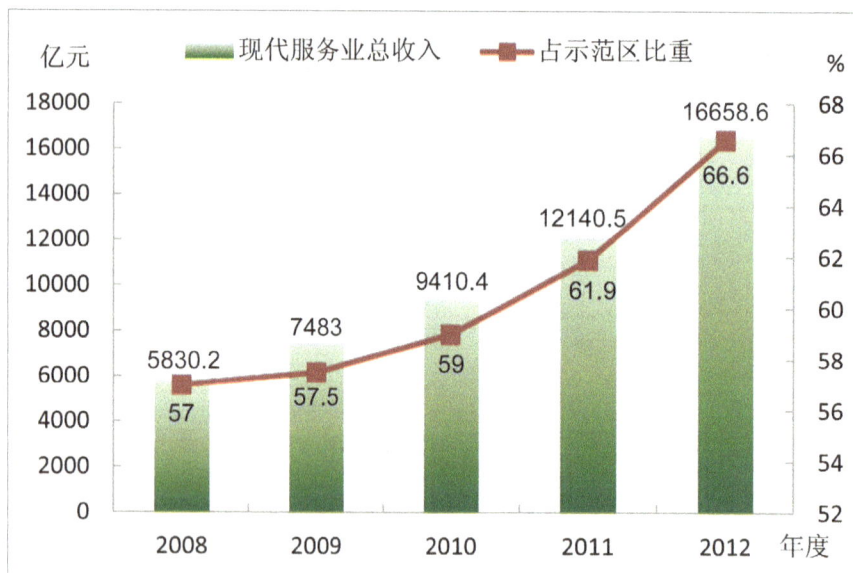

图5　2008—2012年中关村现代服务业总收入及占比数据图

（三）创新能力持续提升

企业研发投入不断增长。2012年，企业科技活动经费918.2亿元，同比增长17.6%，是2008年的1.65倍；科技活动人员超过40万人，超过从业人员总数的1/4，是2008年的1.3倍；全年新创办科技型企业4800家，共有企业约1.5万家，其中国家高新技术企业5689家，为2008年的2.3倍。2012年示范区专利申请量28159件，同比增长28.8%，占全市的30%以上，是2008年的1.7倍；专利授权量15407件，同比增长22.4%，是2008年的3.6倍；其中发明专利申请量占专利申请总量的60%左右，每万人拥有发明专利申请量保持增长态势。在2012年第14届中国专利奖颁奖大会上，4家中关村企业获得专利金奖，占全部金奖数量的20%。2012年示范区技术合同成交额达2458.5亿元，占全国近40%，是2008年的2.4倍。

2008—2012年中关村科技创新活动情况一览表

表2

年度		2008	2009	2010	2011	2012
科技活动经费支出（亿元）		557.9	570.0	616.9	781.0	918.2
科技活动人员（万人）		32.1	32.2	30.7	35.9	40.2
新创办科技型企业数（家）		3058	3266	3614	4243	4800
企业数（家）		18544	17355	15720	15026	14929
从业人员（万人）		94.1	106.2	115.8	138.5	158.6
国家高新企业数（家）		2442	4577	5468	5914	5689
专利	申请量（件）	16547	14668	14806	21866	28159
	授权量（件）	4305	6362	8834	12587	15407
其中：发明专利	申请量（件）	12842	9113	9128	12802	17388
	授权量（件）	1834	2566	2890	4992	6120
万人拥有发明专利申请量（件）		136.4	85.8	78.8	92.4	109.6
技术交易成交项目（项）		52742	49938	50847	53552	59969
技术合同成交额（亿元）		1027.2	1236.2	1579.5	1890.3	2458.5

二、深化落实"1+6"先行先试政策，中关村体制机制创新和政策先行先试取得新实效

（一）中关村创新平台运行良好

跨层级、跨部门的协同创新组织模式进一步巩固和完善。依托中关村创新平台，重点开展了6个方面的资源整合工作：一是与科技部等六部委建立支持重大项目的部市会商机制，组织实施和配套支持在京单位承接国家科技重大专项1300余项，占全国的40%，落地建设6个重大科技基础设施。二是与财政部等四部委加强合作，按照《中关村现代服务业试点工作方案》要求，深入推进中关村现代服务业试点。三是与解放

军战略规划部、国家发展改革委积极沟通，将"建设中关村军民融合科技创新示范基地"写入国家《统筹经济建设和国防建设规划（2011—2015年)》，与解放军总部单位合作推进军民两用技术供需对接和融合创新。四是与60余家中央企业和高校院所共建中关村科学城和未来科技城，支持大学、科研机构和企业协同创新。五是建立全市每年100亿元的资金统筹机制，探索股权投资、知识产权共享等支持方式，提高财政资金的使用效益。六是注重发挥中关村发展集团平台作用，运用企业手段加大市级层面创新资源统筹力度。

（二）深化落实6条先行先试政策效果初显

在国家有关部门的大力支持下，各项先行先试政策取得了突破性进展。一是积极推进科技成果处置权和收益权改革，2012年中央和市属高校院所技术转让（科技成果处置）项目共计1026项，收入约100.65亿元，有力地提升了科研机构、高等院校转化科技成果的积极性。二是大力开展税收政策试点，累计有1491家企业享受税收政策，享受所得税优惠累计新增超过2.2亿元。三是深入实施股权激励改革，促进科技成果转化，2012年新批复试点单位13家，累计共有494家单位实施了股权和分红激励，包括市属国有企业和事业单位81家，中央企业和中央级事业单位42家。四是开展科研项目经费管理改革，2012年有739个项目纳入科研项目经费管理改革试点，列支间接费用2949.99万元。累计共有2151项科研项目纳入试点，其中间接费用政策已成为北京市科技项目经费的一种常态化管理制度，极大地增强了科研项目经费使用的效益和灵活性。五是积极推进高新技术企业认定试点，2012年完成资格复审1923家，新认定申请700余家，示范区高新技术企业数量达到5689家，占全市总数的71.1%。六是中关村代办试点工作进展顺利，2012年新增挂牌和通过备案企业79家，相当于前4年的总和。王岐山同志在调研和视察时对试点工作给予了充分的肯定，明确试点为建立统一监管下的全国场外交易市场积累了宝贵的经验。

（三）研究提出新的政策创新突破建议

国务院支持的6条先行先试政策取得突破性进展，中央部委共牵头出台政策文件12项，北京市出台20余项配套实施文件。《中关村国家自主创新示范区条例》得以全面贯彻落实，北京市出台各类配套政策32项。为继续深化体制机制改革，推进完善科技创新政策体系的系统化顶层设计，示范区研究提出新的政策建议。一是积极争取"1+6"先行先试政策延期，经与国家有关部委协调，科技部、财政部和国家税务总局已就政策的延期问题形成统一意见，并上报国务院。二是启动市级层面促进示范区创新发展的突破性先行先试政策的研究工作,加大在资源整合、人才激励、科技研发、协同创新、成果转化和产业化、创新创业环境等8个方面的政策建设,从而形成一套全方位、多层次、立体化的政策支持体系。三是提出新的5条政策建议。针对示范区创新创业中存在的突出问题,市有关部门又共同研究提出在中关村率先开展文化科技融合企业认定工作,经认定的企业可按15%的税率征收企业所得税等5条新的税收优惠政策建议。

(四)其他先行先试改革工作顺利推进

一是开展工商管理改革试点。在国家工商总局的支持下,北京市制定了示范区企业登记办法,推动国家商标战略实施示范区建设。示范区内注册商标总量超过5.1万件,工商总局商标局驻示范区办事处新受理示范区商标申请27000余件。二是开展社会组织管理改革试点。在民政部支持下,北京市制定了示范区社会组织登记管理办法,目前已有60家中关村产业联盟进行备案和登记。三是开展知识产权推进工程和标准创新试点。开展中关村知识产权投融资服务试点,成立北京知识产权运营管理公司,推进专利商用化工作。大力推进中关村国家商标战略实施示范区建设工作,制定并发布工作指导意见和管理办法。深入开展标准创新试点工作,鼓励和引导企业创制国际标准。建设中关村国际标准大厦,吸引标准化机构和标准化专业组织入驻。2012年示范区企业新创制标准194项,其中国际标准16项,国家标准127项,行业标准43项。四是企业检验检疫及通关服务工作。与北京出入境检验检疫局研究在示范区探索开展新的监管模式,与卫生局共同研究为企业开辟生物材料出入境审批绿色通道,2012年累计为45家企业办理糖化血红蛋白质控样本、人肺癌细胞等特殊生物医药制品"绿通"审批67批次。

三、建设中关村人才特区和国家科技金融创新中心,加快高端创新要素集聚

(一)加快建设中关村人才特区

加快聚集以海外高层次人才为重点的特需人才资源。深入落实中央"千人计划"和北京"海聚工程",扎实推进中关村"高聚工程",加快聚集以海外高层次人才为重点的特需人才资源。截至2012年底,中关村共有604人入选"千人计划",占全国的21.6%;303人入选"海聚工程",137名高端人才及其团队入选"高聚工程"。示范区企业高学历从业人员比重不断攀升,拥有博士学位者1.5万人,硕士学位者15.7万人,留学归国人员1.6万人。

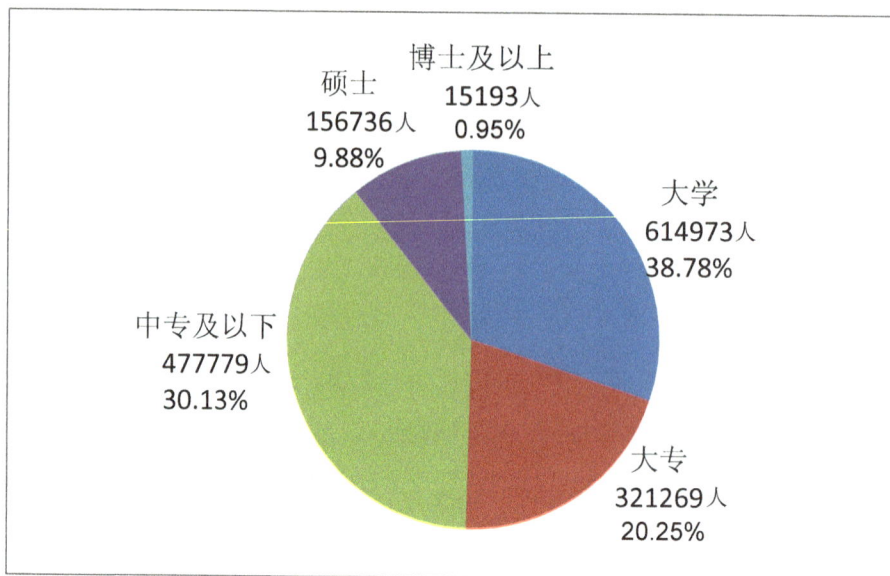

博士及以上
15193人
0.95%

硕士
156736人
9.88%

大学
614973人
38.78%

中专及以下
477779人
30.13%

大专
321269人
20.25%

图6　2012年中关村人才学历数据图

一是深入落实人才特区13项特殊政策。按照"进口税收""居留与出入境"政策规定，为5名高端人才办理进境相关物品免税手续，为149名高层次人才及其家属办理居留许可或多次往返签证。落实"人才培养""兼职""医疗""住房"政策，深化27个校企人才互动项目；推动了一批校企教学实践基地、联合实验室建设；为270名高层次人才办理方便就诊手续；全年已建和在建人才住房项目有6个，房源达7516套。

二是积极推动人才工作体制机制改革创新。健全海外人才引进机制，新设立驻悉尼、赫尔辛基、布鲁塞尔3个联络处；创新高端人才评价机制，开展企业教授级高级工程师职称评审试点，首批有54名高层次人才获得高级职称；完善人才创业扶持机制，印发了《海归人才创业支持专项资金管理办法》，制定了U30雏鹰人才工程，更好地运用市场机制选育人才。

三是大力拓宽人才发展平台。建设"中关村高端人才创业基地"，吸引70余家签约企业入驻；精心筹建中关村青联，打造具有时代特色的青年企业家聚集平台；与专业机构合作，对新回国的海外人才开展人力资源、财务管理、市场营销、企业家精神等方面的专题培训近20期；研究制定了《人才培训支持资金管理办法（试行）》，加大对人才培养的投资力度。

（二）启动建设中关村国家科技金融创新中心

2012年8月6日，国家发展改革委等9个部委会同北京市政府印发了《关于中关村国家自主创新示范区建设国家科技金融创新中心的意见》，科技部和"一行三会"批复中关村成为全国科技和金融结合首批试点地区。科技金融机构在中关村聚集的态势进一步增强。

一是信用首善之区建设成效明显。企业信用意识不断增强，中关村企业信用促进会会员达到 3810 家，累计有 9000 多家次企业使用各类信用产品 14000 余份。中关村信用双百企业（最具影响力和最具发展潜力企业）达到 412 家，信用星级企业 632 家。累计组织 4 期小微企业发行集合信用贷款 1.028 亿元。

二是持续保持创业投资引领地位。2012 年，中关村创业投资引导资金与 IDG 等创业投资机构合作，累计设立了 22 支子基金，合作规模超过 100 亿元。中关村共发生创业投资案例 240 起，投资金额约 159 亿元，投资案例和投资金额均占全国的 1/3 左右，为我国创业投资最活跃的区域。组织开展"创业中关村"系列活动，不断完善中关村初创期企业和创业投资机构、天使投资人之间的沟通渠道，大力推动天使投资和创业投资发展，推动设立中关村瞪羚基金、中关村轨道交通产业投资基金、中关村"新三板"基金。

三是"中关村板块"效益增强。截至 2012 年末，累计 251 家企业参与中关村代办试点，其中已挂牌和通过备案的企业 186 家。8 月，试点扩大到上海张江、天津滨海、武汉东湖。9 月，全国中小企业股份转让系统有限责任公司在北京正式成立。2012 年新增上市公司 21 家，上市公司总数达 226 家，IPO 融资额超过 1900 亿元。其中创业板上市公司达 62 家，占全国的 1/7，在创业板形成了"中关村板块"。

四是科技信贷创新不断深化。各项创新试点工作进展顺利，一定程度缓解了科技型中小企业的融资难题。18 家银行在中关村设立专门为科技企业服务的信贷专营机构或特色支行。截至 2012 年末，以中关村科技担保公司为平台，累计为企业提供贷款担保 686 亿元，其中 2012 年新增担保 165 亿元。累计组织 165 家次中小企业发行直接融资产品，共计融资 28 亿元。各银行累计为 409 家企业提供 838 笔信用贷款，实际发放 144 亿元，无一违信行为；信用保险及贸易融资试点工作进展顺利，累计为 67 家次企业提供近 200 亿元的信用保险和 10 亿元的贸易融资贷款；累计发放知识产权质押贷款 98.7 亿元；中关村小额贷款公司累计发放贷款 34.8 亿元；杭州银行推出针对中关村代办挂牌企业的股权质押贷款，累计为 38 家次企业发放贷款 6.6 亿元。

五是其他创新试点工作进展顺利。一是支持科技保险服务科技企业创新发展，会同保监会启动了科技保险支持中关村示范区发展专题研究工作。二是积极推动中小企业私募债试点。信威通信等 8 家中关村企业通过深交所和上交所备案并发行企业债，发行额 5.8 亿元。三是推进融资租赁发展。会同北京市商务委等 9 个部门印发了《中关村示范区支持融资租赁发展的指导意见》，加强了和融资租赁机构的合作机制建设，和

IBM 租赁公司签署了战略合作协议，组织开展了政策发布和系列宣传对接工作。四是研究启动了中关村科技物业资产证券化试点。五是积极推动商务部在中关村开展关联公司返程投资审批试点。六是区域性股权交易市场建设稳步推进，北京股权交易中心设立工作启动。

四、不断优化有利于创新创业的环境，培育和强化企业创新创业主体地位

（一）大力推动政产学研用协同创新体系建设

2012 年，活跃在示范区的协会组织达百余家，拥有近 2 万家会员企业，覆盖了中关村各个产业和技术中介服务领域。产业联盟 76 家，成员单位 5320 家，2011、2012 年共承担国家级科技项目 532 项。深入实施中关村开放实验室工程，2012 年新挂牌开放实验室 25 家，开放实验室总量达到 134 家。已启动建设检验检测、研发服务等公共服务平台 50 个；推进中科院、北大、清华与北京市共建技术转移中心的建设，对中科院、北大、清华等 15 家产业技术研究院（技术转移中心）共给予 5400 万元的资金支持；支持产业技术研究院组织建立了 51 个联合实验室、70 个研发中心和 11 个中试基地。中关村已经形成了以企业为主体，政产学研用单位参与，具有明确的资源整合、合作运营、利益分享的运行机制，成为中关村创新体系的重要组成部分，并为全国其他地区联盟发展起到了示范作用。

（二）不断优化有利于小微企业孵化和成长的创业环境

2012 年初步形成了以多样化的创业服务平台为枢纽，推动创业者和创业要素有效连接、优化配置、相互作用、有序流动的中关村创业生态系统。截至 2012 年末，示范区拥有各类创业服务机构 120 余家，其中国家级科技企业孵化器 28 家，国家大学科技园 14 家，创新型孵化器 15 家，孵化总面积超过 320 万平方米，累计孵化企业超过 12000 家，累计毕业企业超过 7000 家，当年在孵企业超过 5000 家。挖掘培育了以车库咖啡为代表的最活跃的线下创业社交与服务平台，以 36 氪为代表的全国最大的线上创业服务平台，以天使汇为代表的全国最大的天使合投平台，以创客空间为代表的亚太地区最大的软硬件结合的创业服务平台，以清华 X-Lab 为代表的跨院系的大学创意创新创业实践平台，以亚杰商会、联想之星为代表的领军企业家创业辅导平台，以汇龙森、上地生物医药孵化器、博奥联创等为代表的公共研发设备加天使投资的专业孵化器，以云基地为代表的产业链孵化平台，以微软云加速器为代表的国际资源整合的创业服务平台，以百度、小米、360 等为代表的大公司第三方应用开发者平台，初步形成了涵

盖早期项目孵化、天使投资、创业教育、创业媒体、创业社区等环节的创业服务新业态。深入实施支持初创企业发展的"金种子工程"，扩大中关村天使投资引导资金规模，大力支持社会化的早期创业服务平台和天使投资聚集与发展，挖掘并筛选出亿恒创源等近100家"金种子企业"，组建了由知名企业家和"天使投资人"等60余人组成的创业导师队伍。

（三）持续支持创新型企业做大做强

一是深入开展"十百千工程"，加大"一企一策"服务力度，为企业解决重大发展需求275条；设立"十百千工程"专项资金，累计为99家企业提供8927.64万元资金支持。2012年，示范区收入过亿元的企业达到1897家，比2011年增加249家。其中，10亿元以上企业数达到342家，比2011年增加60家；百亿元企业数达到45家，较2011年增加14家；过千亿元企业3家。截至2012年底，"十百千工程"重点培育企业累计426家，实现总收入1.1万亿元，超过示范区总收入的40%，涌现出联想、北大方正、百度在线等一批创新型领军企业。二是持续开展"瞪羚计划"，通过市场化的方式筛选出创新能力强和增长速度快的瞪羚企业3500多家，2012年重点培育瞪羚企业达896家，实现总收入1453.3亿元，同比增长15%，涌现出小米科技、网秦天下等一批"专、特、精、新"的高成长企业。三是积极开展政府采购新技术新产品试点，建立了多部门协同、市区联动、军民融合的新技术新产品政府采购和应用推广工作机制，全年实现政府采购金额达到历史性的80亿元，涉及近百家企业的248项新技术新产品。

（四）不断完善法制环境和创新文化环境

一是积极配合开展条例执法检查工作，出台了《关于为中关村国家自主创新示范区发展提供司法保障的工作意见》，为示范区发展提供了有力的司法保障；充分发展"中关村法律服务团"的作用，为创新创业主体提供良好的法律咨询和法律服务。二是注重对示范区发展经验的总结，认真做好史志年鉴编纂工作，完成《中关村国家自主创新示范区志资料长编（2006—2010)》的编纂出版；《中关村国家自主创新示范区年鉴（2011年)》获中国出版工作者协会年鉴编校质量特等奖、北京市年鉴编校质量一等奖。三是大力培育企业家精神和"鼓励创新，宽容失败"的创新精神，成功举办中关村论坛，与北京京剧团共同推出中关村题材现代京剧《云之上》，制作并在纽约时代广场播放中关村宣传片，组织开展中关村十大系列评选活动，进一步提升了中关村在国内外的影响力。

五、突破一批重点领域关键核心技术，进一步发挥中关村战略性新兴产业策源地作用

（一）率先突破一批关键核心技术和标准

实施中关村战略性新兴产业集群创新引领工程，明确"641"分梯次产业培育格局，围绕国家重大需求，坚持需求拉动创新，在国家确定的新一代信息技术、节能环保、生物、高端装备制造、新能源、新材料、新能源汽车等 7 个战略性新兴产业领域，取得了一批关键核心技术突破，共创制标准 4431 项，其中国际标准 103 项，国家标准 2569 项，行业标准 1637 项，地方标准 122 项。2012 年，中关村七大战略性新兴产业实现总收入超过 1.9 万亿元，占示范区总量的 76.5%。

一是新一代信息技术产业持续引领创新。创制了 TD-SCDMA、TD-LTE、宽带无线接入 McWiLL 国际标准，使我国通信企业与国际企业站在同一起跑线。自主研发的四模通信芯片、TD-LTE 宽带多媒体数字集群解决方案，4G 终端综合测试仪国际领先，打破国际垄断。国内首款双核移动处理器芯片流片成功，自主研发了 12 英寸集成电路立式氧化炉，分别填补了国内空白。"AUTEVISIONII 无线引擎（芯片）"，高达 60Gbps 的无线数据转发能力成为业界速度最快、容量最大的无线转发引擎。推出车联网应用解决方案"北斗在线"；推出了全球首个 NDS（导航数据标准协会）标准化产品，代表了中国企业在新一轮标准技术当中处于全球的领先地位。形成了新一代信息技术产业集群，有下一代互联网、新一代移动通信、云计算、大数据、物联网、TD、长风、WAPI、移动互联网等产业技术联盟，有联想、百度、小米、神州数码等重点企业 165 家，产业基地 28 个。2012 年新一代信息技术产业总收入超过 9000 亿元。

二是节能环保产业实力国际领先。"神舟北极高效集成冷冻站——中央空调关联预测节能控制技术""煤气、余热蒸汽综合利用技术""分布式能源冷热电联供技术集成""干式（机械）真空系统应用于 RH 工艺技术"等自主研发的节能技术，入选"2012 年第三届节能中国十大应用新技术"；分散式控制系统（DCS）和可编程控制器（PLC）等多种核心产品以及自动化系统综合解决方案，成为汉诺威博览会中国唯一工业自动化企业。形成了节能环保产业集群，包括中关村国家环境服务业、中关村清新空气、中关村污水处理与资源化利用、中关村城市污泥无害化、建筑能效等产业技术联盟，有神雾集团、碧水源、桑德环境等重点企业 81 家，产业基地 14 个。2012 年节能环保产业总收入 1249.8 亿元，同比增长约 2.5%。

三是生物产业国内领先，新型疫苗与国际同步。攻克了重组人胰岛素的高效表达、高密度发酵、规模化复性以及大规模纯化等技术难题，研制的新型重组人胰岛素具有

蛋白活性高、疗效好、制备成本大幅降低等优点。PET-MR产品及机器人影像定位系统为全球第一家研发成功并率先用于临床，填补了国际空白。UPT上转发光技术平台，产品已经应用在临床POCT诊断、生物反恐、消防、口岸、核生化有害因子检测等领域。同型半胱氨酸试剂盒，三甲医院覆盖率达70%，已取代国外产品。形成了生物和健康产业集群，包括中国生物技术研发服务外包、中关村生物医药、中关村生物农业、中关村医疗器械等产业技术联盟，有博奥生物、科兴生物、乐普医疗、大北农等重点企业67家，产业基地18个。2012年生物产业总收入1203亿元，同比增长36.6%。

四是高端装备制造产业引领全国发展。全自动光学检测设备产品成功应用于苹果手机、亚马逊电子书质量生产线。RIGOLDG4000函数/任意波形发生器获滤波器行业最高奖——美国"R&D100Awards"大奖。国产高压大容量交流直接变频器，打破了国外对该领域的垄断。国内首台具有完全自主知识产权的强迫风冷装置通过专家组验收鉴定。世界首套液体安全检查系统、世界最大的数控桥式动梁龙门铣床等国际领先。中关村在3D打印方面处于国内领先、国际先进水平。形成了集成电路产业集群和轨道交通产业集群。中关村集成电路产业拥有集成电路产业联盟、集成电路设计产业技术创新战略联盟、集成电路材料产业技术创新战略联盟等产业联盟，重点支持企业72家，产业基地5个；轨道交通产业拥有北京轨道交通产业技术创新战略联盟、轨道交通联盟、轨道交通运营服务与安全联盟等产业联盟，重点支持企业24家，产业基地9个，有优纳科技、普源精电、时代金能电气、北京电力设备总厂等一批技术领先企业。2012年高端装备与通用航空产业总收入2194.1亿元，同比增长16.8%。

五是新能源产业国际领先。1.5MW双馈变流器顺利通过低电压穿越测试，产品技术水平居世界领先地位。《电动汽车电能供给与保障技术规范》中关于电池维护、回收、再利用与报废部分以及动力锂电池系统规范成为北京地方标准。"大功率节能型直流UPS产业化"项目入选科技部2012年国家火炬计划，直流UPS技术取得了行业突破。中核能源的模块化球床高温气冷堆技术、合力清源的生物天然气模块化制备技术国际领先。形成了新能源产业集群，包括中关村资源节约与能源管理服务产业联盟、北京新能源产业联盟等产业联盟，重点支持企业26家，产业基地8个。2012年新能源产业总收入954.79亿元，同比下滑7.5%。

六是新材料领域取得重大突破。《碳化硅单晶抛光片》和《碳化硅晶片微管密度无损检测方法》两项国家标准填补了单晶碳化硅行业国家标准的空白。中科院北京纳米能源与系统研究所发明了世界第一台纳米发电机。有研总院的稀土分离技术处于国际领先地位。中材晶体的非线性光学晶体和红外光学等材料制备技术、集盛星泰基于微纳米技术的新型超级电容器达到国际先进水平，在"神舟"飞船、探月工程等国家重点工程上获得应用。中科三环钕铁硼材料制备技术全球领先，市场份额占全球的 1/10。形成了新材料产业集群，包括国家半导体照明工程、稀土、北京绿色印刷等产业技术联盟，有京东方、利亚德、安泰科技等重点企业 67 家，产业基地 16 个。2012 年新材料产业总收入 2763.6 亿元，同比增长 37.3%。

七是新能源汽车产业取得新突破。国内首创的轿车电池自动快换及智能输送系统，技术水平国际领先。精进电动在高端车用驱动电机领域具备国际水平，是目前国内唯一一家新能源汽车电机出口企业。有色金属研究总院在国内率先开发出能量密度 180Wh/kg 的锂离子动力电池，并实现批量试制和装车运行。波士顿电池公司的三元锂离子电池技术世界领先，拥有相关专利超过 150 项。形成了新能源汽车产业集群，包括动力电池、电机、电控系统、基础设施建设、整车等细分领域，重点支持企业 22 家，产业基地 6 个。2012 年新能源汽车产业总收入 47.6 亿元，同比增长 69.2%。

（二）加快战略性新兴产业领域重大科技成果产业化

建立部市会商机制，会同市发展改革委、市科委等部门共同梳理了第二批战略性新兴产业重大项目 157 个，统筹 100 亿元资金支持国家科技重大专项 500 余项、科技成果产业化项目 243 项。积极承接和推动重大工程材料服役安全研究评价设施、蛋白质科学研究设施等 6 个重大科技基础设施在京落地建设，在京投资 21.6 亿元，占投资总额的 66.3%。围绕城市运行管理和建设等方面开展多个重大应用示范项目，自主研发的超滤膜装置、病毒检测生物芯片、"绿翼"智能交通系统、集装箱检测系统、基于射频识别（RFID）技术的食品安全追溯管理系统、互联网有害信息过滤和舆情监控保障工作等项目在节能环保、医疗卫生、智能交通、食品安全、城市安全等领域均取得了重要的成果。支持联盟牵头开展重大项目应用示范，47 家联盟获得 1.1 亿元资金支持，推动成立中关村未来制造业联盟、中关村大数据联盟等 8 家新联盟。

六、坚持规划引领，推动中关村战略性新兴产业集群创新发展格局加快形成

2012 年 10 月，国务院批复同意示范区空间规模和布局调整方案，进一步优化了"一区多园"各具特色的发展格局、重点发展"两城两带"的规划布局。

（一）建立"一区多园"工作体系

市委、市政府研究出台北京市贯彻落实国务院批复的实施意见，对示范区下一步工作作出了部署和安排。随着示范区规划范围扩至 488 平方千米，中关村研发服务和产业承载能力进一步增强，将有力促进产业功能区与行政区融合发展。海淀园继续保

持发挥核心区的示范引领作用且增势稳定，2012年总收入超过1万亿元，近几年收入增速保持在20%左右，其他各园区增势平稳。顺义园、平谷园等新扩园区2012年数据尚未纳入中关村统计范围。

2012年示范区十园经济收益及产出一览表

表3

园区	总收入（亿元）	同比增长率（%）	地均产出（万元/公顷）
海淀园	10665.7	21.4	8015.7
昌平园	2344.2	55.5	4560.7
丰台园	2938.5	11.3	35922.7
亦庄园	2869.6	−10.7	10715.6
通州园	241.5	17.9	1620.5
大兴基地	66.3	36.1	599.5
电子城	3845.2	106.7	21255.9
德胜园	764.9	107.2	7648.8
雍和园	379.5	25.1	13071.9
石景山园	909.5	27.0	26361.7

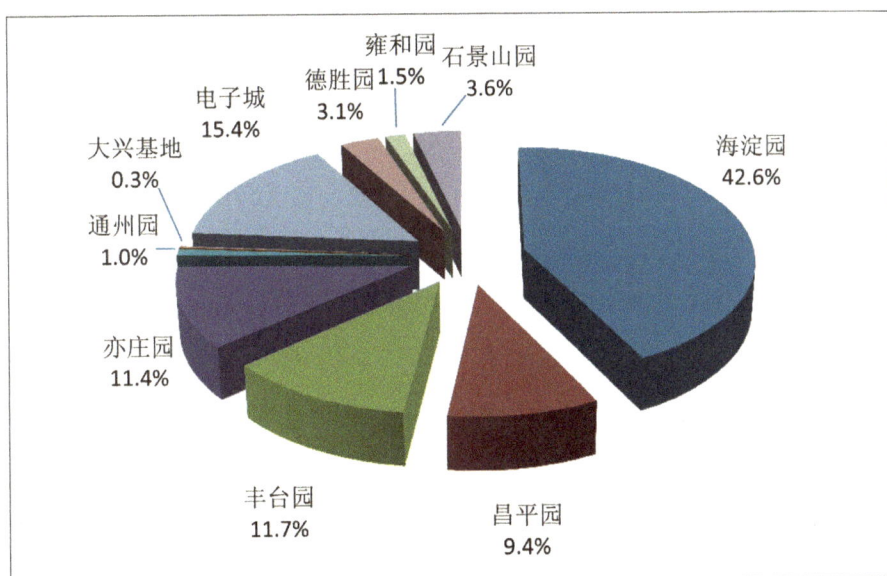

图7　2012年示范区各园区总收入所占比例数据图

（二）加快"两城两带"建设

围绕科技创新和文化创新双轮驱动，组织第四批11家单位签约实施中关村科学城建设项目，建设项目总数达48个，预计总投资700多亿元。特色产业园共吸引281家企业、研发中心和产业联盟入驻，启动建设共性技术研发等公共服务平台87个。12家产业技术研究院共新创办企业130家，共建研发机构132个。中科院、北大、清华与北京市共建的技术转移中心共筛选产业化项目43个。未来科技城建设进展顺利，市政基础设施已建成过半，学校、医院等一批公共服务配套设施启动建设，神华、中国商飞等单位入驻办公。加快建设北部研发服务和高技术产业带，以及南部高技术制造业和战略性新兴产业带。2012年，北部产业带发展迅猛，实现总收入约1.25万亿元，同比增长23%。

（三）大力打造特色产业基地

贯彻落实国务院、中央军委关于《统筹经济建设和国防建设规划（2011—2015年)》，积极推动军民融合科技创新示范基地建设，制订共建"蓝鲸园"实施方案，推进"蓝鲸军民融合创新园"建设。新挂牌成立"中关村移动互联网产业基地""中关村北斗与空间信息服务产业基地""中关村高端医疗器械产业基地"，促进高端产业集群式发展。

七、整合利用全球资源，进一步提高国际化发展水平

以全球视野研究和把握技术创新与产业发展方向，积极推进全球资源"高端链接"和"走出去、引进来"战略，充分整合利用国际资源和市场，拓宽企业国际化发展的渠道和路径，深化国际交流与合作，国际化发展进入一个新阶段。

（一）整合利用全球资源能力不断提高

2012年示范区企业拥有我国港澳台和外籍从业人员7670人，纳入统计范围的外资企业（含外商投资和港澳台投资企业）共1671家，外资研发机构数248个。年内共有296家企业开展境外直接投资，较2011年增加108家，对境外直接投资额高达331.9亿元，较2011年增长了1.1倍；143家企业在境外设立分支机构457家，较2011年增加186家。截至年底，共有79家企业境外上市，占示范区上市企业总数的35.2%。2012年示范区海外并购案例数达到14起，较2011年增加5起，其中并购加拿大企业4起，并购香港和美国的企业各3起。绘制全球领先技术团队分布图专项研究工作正在进行，将进一步推进全球创新资源在中关村的集聚工作。

（二）技术"走出去"日趋活跃

国际专利方面，2012年中关村企业PCT专利申请量1736件，占北京市的64.2%，占国内企业总申请量的12.8%。中关村及北京市输出技术合同成交额2458.5亿元，比

2011 年增长 30.1%，占全国的 38.2%。从技术交易流向来看，技术交易出口占比 17%。2012 年，中关村及北京市技术出口领域以软件、通信技术、航天技术和海洋工程等高端技术为主，占出口技术合同成交额的 71.7%。

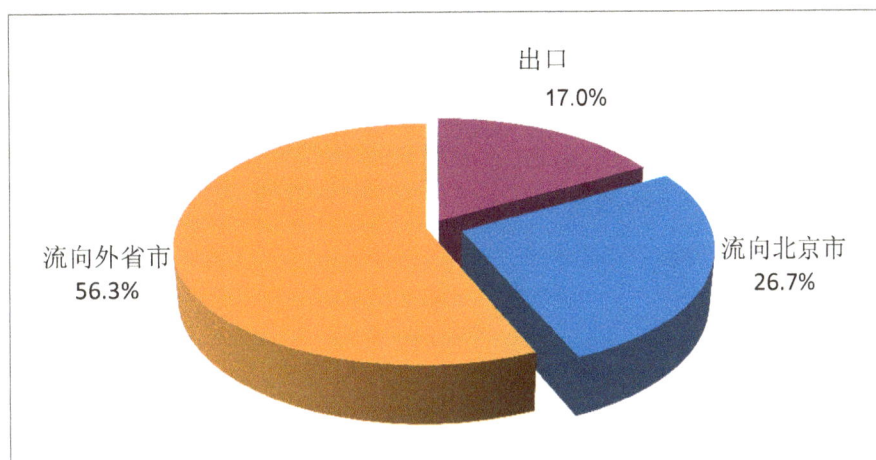

图8　2012年中关村技术交易额流向分布数据图

（三）出口增速近5年来首次上升至两位数

2012 年，中关村示范区实现出口 261.7 亿美元，较 2011 年增长 10.3%，增幅高于 2011 年 6 个百分点，增速为近 5 年的最高值，占北京市出口总额的 40% 以上。得益于美国消费强劲增长和欧洲经济复苏，示范区出口逐步回暖，2012 年示范区企业对美国出口高新技术产品 24.9 亿美元，较 2011 年上升了接近 80%，占示范区主要产品出口额的比重提升至 16.9%；对欧洲出口高新技术产品 71.5 亿美元，较 2011 年增长 16.8%；受中日摩擦影响，示范区企业对日本出口高新技术产品下降 26.7%。

图9　2008—2012年中关村出口总额及占北京市比重数据图

（四）国际交流与合作持续深化

至 2012 年末，示范区已与法国索菲亚科技园区、加拿大渥太华创新中心、芬兰贸易协会、以色列科研机构、芬兰科技产业协会、中国香港科技园区及俄罗斯斯科尔科沃基金会等近 20 个国际科技创新区及地方政府建立了长期合作关系；共组织企业及访问团赴海外参加国际知名展会及开展对接活动，同时也多次接待外事来访团组 3000 余人次，进一步推动了中外双方企业深入开展科技经济项目合作，促进了与加拿大、法国、英国、德国、布鲁塞尔、韩国及中国香港等国家和地区的投资促进机构的良好关系，并积极推动了京台科技交流。

第二部分

专业领域子报告

中关村示范区2013年
产业发展报告

目 录

一、国家战兴产业政策不断出台，"6+4"宏观政策环境日益优化 …… 29

    （一）国家加强战兴产业政策引导，"6+4"产业政策形势利好 ………… 29

    （二）持续推进体制机制创新，产业发展外部要素进一步优化 ……… 31

二、中关村产业发展稳中快进，"6+4"产业集群表现突出 ………… 34

    （一）产业整体高速平稳发展，产业效益稳步提升 ………… 34

    （二）战兴产业发展势头强劲，"6+4"产业实力快速提升 ……… 36

三、"6+4"企业竞争力明显提高，商业模式不断创新 ……………… 37

    （一）"十百千工程"成效显著，"6+4"产业聚集度不断提高 ……… 37

    （二）"6+4"商业模式创新活跃，新兴商业模式增强企业活力 ……… 37

四、创新能力显著提升，创业活力进一步增强……………………… 38

    （一）"6+4"产业企业科研投入增速较快，技术出口高端化拓展 ……… 38

    （二）标准创制和专利创造活跃，产业创新能力显著提升 ……… 39

五、产业空间布局优化调整，集聚效应进一步显现………………… 39

六、"6+4"产业创新特征鲜明，发展特色和优势初步形成 ………… 41

2012年，中关村按照国家加快培育和发展战略性新兴产业的规划和部署，持续推进体制机制创新，大力促进资源整合和协同创新，启动了"中关村战略性新兴产业集群创新引领工程"，加快下一代互联网、移动互联网与新一代移动通信、卫星应用、生物和健康、节能环保、轨道交通等六大优势产业集群引领发展，推动集成电路、新材料、高端装备与通用航空、新能源与新能源汽车等四大潜力产业集群跨越发展，推进现代服务业高端发展。"6+4"产业取得了显著成效，全年共实现总收入1.7万亿元，同比增长16.7%。在战略性新兴产业发展的带动和辐射下，中关村整体产业呈现稳中快进的良好增长势头，全年实现总收入2.5万亿元，为科技北京建设和首都发展实现科技创新驱动作出了重要贡献。

一、国家战兴产业政策不断出台，"6+4"宏观政策环境日益优化

（一）国家加强战兴产业政策引导，"6+4"产业政策形势利好

国家高度重视战略性新兴产业的发展。2012年7月，国务院在《关于加快培育和发展战略性新兴产业的决定》的基础上，发布《"十二五"国家战略性新兴产业发展规划》，提出了七大战略性新兴产业的重点发展方向和主要任务。在这些文件的指引下，多个部委和北京市针对这些战略性新兴产业密集出台了系列产业政策，中关村贯彻落实、对接细化这些政策，不断优化政策环境，"6+4"产业发展的政策环境日益优化，有力地推动了中关村战略性新兴产业的发展。

下一代互联网产业领域 一是国家相继发布了多个推动我国IPv6设备研发、网络建设、网站改造的专项，北京城域网列入了2012年网络改造计划，预计2013年底全面完成北京城域网的IPv6改造工作。二是落户北京市的大型商业网站已开始IPv6改造，百度等公司加速了网站改造进程。三是国家在云计算和物联网方面加大专项支持力度，示范区企业获得了多项项目支持。

移动互联网与新一代移动通信产业领域 一是明确了新一代移动通信网络发展方向，《"宽带中国"战略及实施方案》中提出须推进实施关键技术研发与重大产品产业化，加快3G网络建设，实现LTE商用。二是明确了移动互联网的发展重点，提出了强化商业模式创新、推动移动互联网技术在电子商务、新媒体、移动娱乐、互联网金

融等领域规模应用的目标；三是结合"新一代宽带无线移动通信网"国家科技重大专项，国家加大 TD-LTE 研发及产业化发展的支持力度。2012 年，中关村持续推进"北京新一代移动通信技术及产品突破工程"（4G 工程）深入实施。

卫星应用产业领域　一是《"十二五"科学和技术发展规划》明确提出要大力开展先进遥感、地理信息系统、导航定位等前沿技术研究，形成以遥感信息、导航定位等为主的卫星应用新兴产业增长点。二是突出了北斗对于卫星应用产业的核心和引领作用，《北京市推进北斗导航与位置服务产业发展实施方案》提出到 2015 年，将北京打造成为全国最具影响的北斗产业聚集区以及国际领先水平的导航与位置服务应用示范城市。

生物和健康产业领域　一是《生物产业发展规划》提出到 2020 年生物产业将发展成为我国国民经济的支柱产业。二是北京市政府出台了《北京市"十二五"时期生物和医药产业发展规划》，并于 2012 年 10 月启动北京生物医药产业跨越发展工程二期工程，旨在推动北京生物和健康产业聚集发展。

节能环保产业领域　一是中关村将节能环保产业作为未来经济发展的重要增长点大力扶持，2012 年成立了"中关村云能效生态投资基金"，对示范区中小微节能环保企业发展予以支持。二是大力推行合同能源管理，2013 年发布了《关于印发进一步推行合同能源管理促进节能服务产业发展意见文件的通知》（京发改〔2013〕1132 号），北京市财政局安排综合示范工作市级配套资金 5 亿元，切实保障节能减排综合示范项目资金需求。三是推进工业废水、生活污水和雨水资源化利用，扩大再生水的应用，进一步扩大膜组件和膜组器、生物膜反应器、速分生物处理系统等关键组件与设备的生产制造能力。

轨道交通产业领域　积极促进轨道交通装备产业发展，《轨道交通装备"十二五"规划》作为新中国成立以来首部轨道交通产业发展专项规划，进一步明确了轨道交通产业的发展方向和重点，提出要将我国轨道交通装备产业打造成国际领先的高端产业。

集成电路产业领域　一是《关于印发进一步鼓励软件产业和集成电路产业发展若干政策的通知》完善了集成电路发展的顶层设计。二是 2013 年《关于加快促进信息消费扩大内需的若干意见》支持地方探索发展集成电路的融资改革模式。三是 2012 年工信部陆续发布《集成电路"十二五"发展规划》《电子基础材料和关键元器件"十二五"规划》，明确了集成电路行业结构调整和优化方向。四是工信部和科技部核高基重大专项（01 专项）、极大规模集成电路制造装备及成套工艺（02 专项）等专项工程，在技术研发、集成电路设计、芯片制造、封装测试等方面持续加大了扶持力度。

新材料产业领域　一是《新材料产业"十二五"发展规划》对特种金属功能材料、前沿新材料等六大领域进行全面部署，规划中提出北京市将重点发展稀土功能材料、特种橡胶、非晶微晶带材、高温合金及特种玻璃等产业。二是对纳米材料、新型显示材料以及膜材料技术研发给予专项支持，重点发展显示与照明材料、新型功能材料、先进结构材料、电子材料及前沿材料等领域。

高端装备与通用航空产业领域　一是在海洋工程装备方面，国家和北京市的规划鼓励、支持尽快突破深水装备关键技术，推进以海水淡化和综合利用装备为代表的海洋化学资源开发装备的产业化。二是航空装备方面，国家和北京市相关规划提出重点加快大型客机、支线飞机、通用飞机和航空配套装备的发展。

新能源产业领域　一是2012年《能源发展"十二五"规划》将安全高效发展核电和加快发展风能、太阳能等其他可再生能源以及推进智能电网建设作为主要任务。二是《关于促进地热能开发利用的指导意见》《太阳能发电发展"十二五"规划》确定了海上风电、分布式太阳能、大规模储能系统、智能输变电技术等战略方向。三是《北京市"十二五"时期新能源和可再生能源发展规划》提出了北京将重点建设十百千万新能源利用工程、国家绿色能源建设工程、高端功能区新能源综合应用工程等三大工程的任务。

新能源汽车产业领域　一是国务院发布的《节能与新能源汽车产业发展规划(2012—2020年)》在财税、信贷、标准、人才等方面给予企业优惠政策，并提出到2015年实现50万台新能源汽车应用的推广目标。二是北京市提出的清洁空气行动计划，明确提出北京市进行新能源汽车示范推广的思路和目标，提出到2017年底，力争全市新能源和清洁能源汽车应用规模达到20万辆，政府公务用车将率先推广使用新能源汽车。

（二）持续推进体制机制创新，产业发展外部要素进一步优化

1. 持续开展股权激励试点，创新创业人才加速聚集

2012年，中关村继续开展股权激励改革试点，有力地激发了科研机构创新和科技人员创业的积极性。全年新增实施股权和分红激励单位18家，示范区实施了股权和分红激励的单位总数达到了499家，其中市属国有企业和事业单位81家，中央企业和中央级事业单位47家，民营企业287家，上市公司84家。

2012年示范区新增实施股权和分红激励单位统计表

表1-1

	企业	科研院所	高校系统	合计
中央单位（家）	4	7	1	12
市属单位（家）	2	1	3	6

2012 年，示范区持续推进"千人计划""海聚工程""高聚工程"，人才政策成效显著，人才特区建设初见成效，创新创业人才加速聚集，从业人员素质稳步提高。2012年共有 386 人入选"海聚工程"，占全市入选总人数的 74%；604 人入选"千人计划"，占北京地区入选总人数的 78%；137 名高端人才及其团队入选中关村"高聚工程"。从业人员总数达到 158.6 万人，比 2011 年净增 20.1 万人。

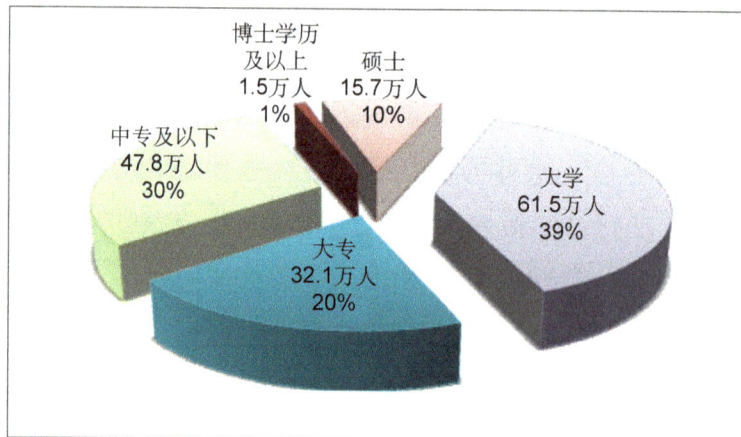

图1-1 2012年示范区从业人员学历数据图

2. 不断创新创业孵化服务模式，创业服务机构快速发展

2012 年，中关村创业孵化服务模式不断创新，涌现出以创新工场、车库咖啡、常青藤创业园等为代表的一批运作模式新、创新能力强、专业水平高的新型创业服务组织，有效地降低了创业门槛，活跃了中关村的创业氛围，为孵化和培育早期项目和"专特精新"小微企业提供良好的创业服务体系。2012 年，中关村共有各类创新创业服务机构 677 个，创业服务涵盖了创业教育、创业社区、创业投资、创业辅导、技术开发平台、技术服务平台以及创业媒体等多元化服务内容。

2012年示范区各类创新创业服务机构统计表

表1-2

机构类型	行业协会	产业联盟	大学科技园	留学人员创业园	开放实验室	创业投资机构
数量（个）	56	126	26	34	134	301

3. 政府采购向"6+4"产业倾斜，"6+4"产业联盟快速发展

2012 年，中关村加大政府对于新技术新产品的政府采购力度，全年共采购 3 批次，涉及 248 个项目，采购金额达到 80 亿元，同比增速 29.7%；中关村开展新技术与新产品的应用示范和推广，例如政府积极推动新能源汽车的应用与推广，为战略性新兴产

业的发展提供了有力的支撑。

2012年，中关村"6+4"产业集群共有产业联盟126家，其中移动互联网和新一代移动通信、生物和健康、节能环保、新材料等产业领域的产业联盟最多，共有81家，占比达到64.3%，产学研用各环节之间的衔接日益紧密，合作模式和商业模式创新活跃。

2009—2012年示范区新技术新产品政府采购和应用推广情况统计表

表1-3

年度	批次（批）	项目数（个）	采购金额（亿元）
2009	5	256	33.2
2010	5	356	51.4
2011	4	237	61.7
2012	3	248	80.0
合计	17	1097	226.3

示范区"641"战略性新兴产业联盟一览表

表1-4

所属领域	数量(个)	典型代表
下一代互联网	8	中关村下一代互联网产业技术联盟、中关村物联网产业技术联盟、中关村云计算产业联盟、闪联产业联盟
移动互联网与新一代移动通信	14	TD产业技术联盟、中关村移动互联网产业联盟
卫星应用	5	中关村空间信息技术产业联盟、小卫星遥感系统产业技术创新战略联盟、遥感数据处理与分析应用技术创新战略联盟
生物和健康	16	中关村生物医药产业联盟、中关村医疗器械产业技术联盟
节能环保	15	中关村国家环境服务业发展联盟、中关村膜生物反应器产业联盟
轨道交通	2	轨道交通视频与安全产业技术联盟、北京轨道交通产业技术创新战略联盟
集成电路	3	集成电路设计产业联盟、北京安防音频编解码技术产业联盟
新材料	12	国际半导体照明联盟、中关村国际超导技术研究开发联盟、非晶节能材料产业技术创新战略联盟、化纤产业技术联盟
高端装备与通用航空	9	中关村未来制造业产业技术创新战略联盟、中关村车载信息服务产业应用联盟、汽车制造装备创新联盟

所属领域	数量(个)	典型代表
新能源和新能源汽车	8	北京动力电池产业联盟、中关村储能产业技术联盟
现代服务业	34	中关村车联网产业技术创新战略联盟、中关村数字内容产业联盟、长风开放标准平台软件联盟

4. 产业投融资增幅较大，企业市值快速增长

2012 年，中关村企业投融资活动频繁，投融资快速增长。中关村上市过会企业 21 家，首发上市发行企业 19 家，获得 IPO 融资 110.5 亿元，示范区累计上市企业数达到了 226 家（境内 145 家，境外 79 家）；IPO 累计融资额达到 1923.9 亿元；上市企业总市值达到 1.3 万亿元，比 2011 年增长 14.4%。2013 年 9 月发布的德勤高科技、高成长中国 50 强企业名单中，半数上榜企业来自北京，显示出北京在高科技行业中的领先地位。

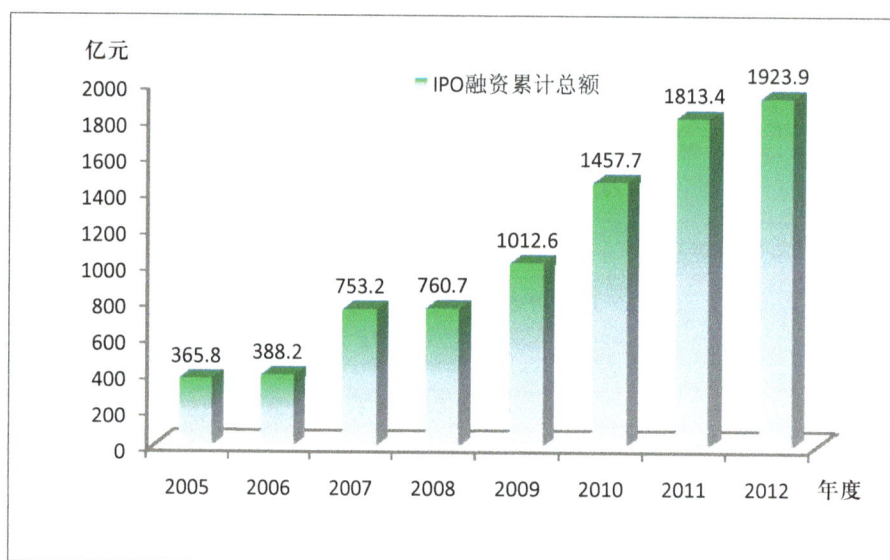

图1-2　2005—2012年IPO融资累计总额数据表

二、中关村产业发展稳中快进，"6+4"产业集群表现突出

（一）产业整体高速平稳发展，产业效益稳步提升

总收入与利润额连续 4 年保持高速平稳增长。2012 年，中关村产业总收入突破 2.5 万亿元，同比增长 27.4%，与 2008 年相比年均增速 25.2%；实现利润总额 1788.6 亿元，同比增长 17%；实缴税费 1445.8 亿元，同比增长 56.2%。经济增加值近几年呈加速增长态势。中关村示范区实现增加值 3647.5 亿元，同比增长 15.7%，占北京市地区生产总值的 20.4%，对北京市经济增长贡献率约 33.0%，贡献率较 2011 年提高了 9.8 个百分点。

图1-3 示范区总收入及同比增速数据图

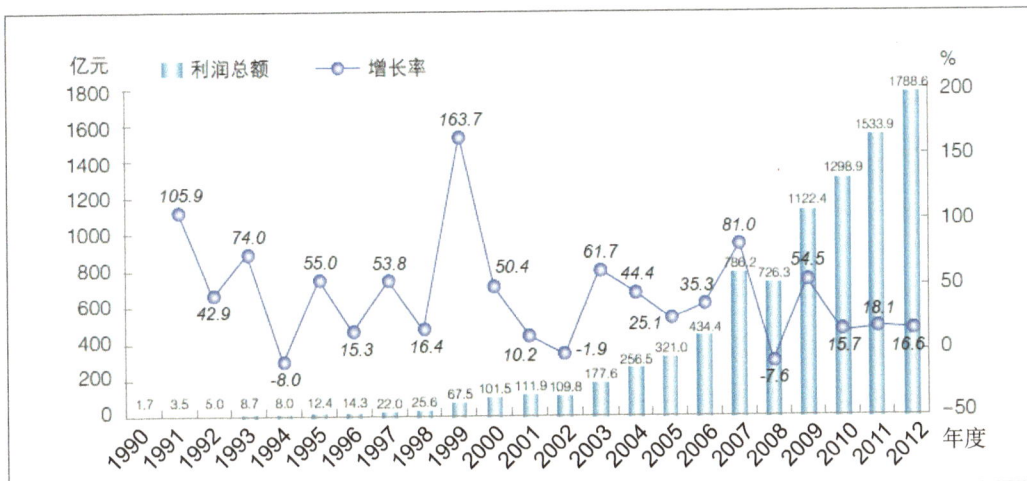

图1-4 示范区利润总额及增长率数据图

图1-5 示范区增加值及占北京市比重数据图

（二）战略性新兴产业发展势头强劲，"6+4"产业实力快速提升

"6+4"战略性新兴产业领域获得长足发展。2012年,示范区"六大优势产业"和"四大潜力产业"整体增长较快，共实现总收入约1.7万亿元，同比增长14.7%，占示范区经济总量的60%。

示范区"641"战略性新兴产业主要经济指标统计表

表1-5

		企业数（家）	总收入	
			（亿元）	增长率（%）
	"6+4"总体	7375	16933.32	14.7
1	下一代互联网	1287	2566.02	22.19
2	移动互联网与新一代移动通信	847	3914.82	9.97
3	卫星应用	195	247.01	13.55
4	生物和健康	1377	1349.47	28.51
5	节能环保	980	2113.84	18.25
6	轨道交通	152	1183.99	3.92
7	集成电路	454	471.06	12.23
8	新材料	888	1905.06	3.26
9	新能源	245	831.21	22.42
	新能源汽车	11	466.86	72.47
10	高端装备与通用航空	939	1883.99	8.11

六大优势产业不断巩固和扩大既有优势，对全国产业发展的影响力不断提升。移动互联网产业收入规模位居战略性新兴产业的首位。中关村下一代互联网产业聚集度进一步提高。2012年，中关村集聚的下一代互联网相关企业实现年销售收入2566.02亿元,同比增长22.19%。云计算产业产值达到80多亿元,云计算产业规模已居全国首位，真正成为我国云计算发展的"排头兵"。作为我国最重要的移动互联网产业聚集区之一，2012年中关村移动互联网和新一代移动通信产业总收入达到3914.82亿元，同比增长9.97%。卫星应用产业规模和产业能力全国最强。聚集了国内卫星应用产业链半数以上关键环节的领军企业，形成了全国最为完善的卫星导航产业链。2012年，中关村卫星应用产业收入达到247.01亿元。生物和健康产业首次突破1000亿元大关，总收入达到1349.47亿元，增长率连续7年超过20%，利润率连续9年居全国第一，实现了跨越式

发展。节能环保产业平稳增长，产业旗舰初步形成。2012 年中关村节能环保产业总收入 2113.84 亿元，同比增长约 18.25%。轨道交通产业收入突破千亿。2012 年，中关村轨道交通产业收入达到 1183.99 亿元，占全区收入比重接近 7%，产业发展水平再上台阶。

四大潜力产业不断形成新的发展优势，为后续发展打下了良好基础。中关村集成电路产业在环渤海地区处于领军地位。2012 年中关村集成电路产业实现销售收入 471.06 亿元，同比增长 12.23%，技术及服务出口收入达到 10.24 亿美元，同比增长 49.41%。新材料产业规模增速创新高。2012 年，中关村新材料产业的发展势头良好，经济总量增长迅速。新材料企业总销售收入突破 1905.06 亿元，同比增长 3.26%。中关村高端装备与通用航空产业发展势头良好。2012 年中关村高端装备与通用航空产业总收入 1883.99 亿元，同比增长 8.11%，技术及服务出口收入超过 1.72 亿美元，呈现较大幅度增长。新能源产业规模快速成长，长期前景看好。2012 年，中关村新能源产业实现总收入 831.21 亿元，同比增加 22.42%。新能源汽车产业速度领跑其他战略性新兴产业。2012 年中关村新能源汽车产业总收入 466.86 亿元，与 2011 年相比，同比增加 72.47%。新能源汽车产业的快速增长主要得益于"十城千辆"的示范项目促进以及中关村新能源关键零部件环节的整体实力的提升。

三、"6+4"企业竞争力明显提高，商业模式不断创新

（一）"十百千工程"成效显著，"6+4"产业聚集度不断提高

"十百千工程"持续推进，龙头企业快速成长。2012 年，收入规模在亿元以上的企业总数共 1897 家，其中收入百亿以上企业达到 45 家，收入规模在十亿到百亿之间的企业共 297 家，收入规模在一亿到十亿之间的企业 1555 家，产业梯队逐步优化。

"6+4"产业表现突出，产业聚集度不断提升。2012 年，收入规模在亿元以上的"6+4"企业达到 1223 家，在中关村收入规模在亿元以上企业中的占比达到 64.47%。其中，"6+4"产业中百亿规模企业总数达到了 31 家，占比达到 69%。

（二）"6+4"商业模式创新活跃，新兴商业模式增强企业活力

"6+4"产业技术创新和商业模式创新十分活跃，移动互联网、卫星应用、生物和健康、节能环保、集成电路等领域的新兴商业模式大幅提高了企业活力和市场竞争力。在移动互联网领域，随着移动通信网络基础设施的完善、移动终端用户体验的提升及操作系统性能的逐渐优化，移动互联网产业逐渐形成以应用为平台，以差异化内容为

竞争主题的商业模式。在卫星应用领域，企业以地图数据为核心，通过拓展前台业务，积极构筑综合性移动生活门户。在生物和健康领域，医药研发合同外包服务（CRO）开启国际合作新模式。在节能环保产业领域，中关村大力支持合同能源管理服务模式（EMC），该模式是节能服务产业中最典型的创新模式，可有效解决用能单位实施节能改造资金偏紧的问题，创造了一个合理的利益分配机制。

四、创新能力显著提升，创业活力进一步增强

（一）"6+4"产业企业科研投入增速较快，技术出口高端化拓展

"6+4"产业企业的科研投入普遍快速增长。2012年，移动互联网和下一代互联网产业的内部科技活动经费支出最多，分别超过了179亿和122亿元人民币。卫星应用、生物和健康、节能环保、轨道交通、集成电路、新能源、高端装备与通用航空产业的企业内部科技活动经费支出增速均超过示范区内的其他企业，其中卫星应用领域的企业科技活动经费支出同比增长34.61%。

企业内部科技活动经费支出一览表

表1-6 　　　　　　　　　　　　　　　　　　　　　　　　　　　　（单位：千元）

序号	"6+4"产业	2011年	2012年	同比增长（%）
1	下一代互联网	9545642	12277704	28.62
2	移动互联网	15298715	17918670	17.13
3	卫星应用	2414962	3250869	34.61
4	生物和健康	4188441	5390270	28.69
5	节能环保	3636578	4529880	24.56
6	轨道交通	2809018	3092674	10.10
7	集成电路	2348901	2571793	9.49
8	新材料	3395444	3376246	−0.57
9	新能源	3152050	3255306	3.28
	新能源汽车	1951943	1806801	−7.44
10	高端装备与通用航空	4377782	5248998	19.90

"6+4"产业技术出口领域向高端化拓展。2012年，中关村"6+4"产业输出技术与服务合同成交额2726.6亿元，比2011年增长34.16%，占全国的38.2%。2012年，中关村"6+4"产业技术出口领域以下一代互联网、移动互联网和下一代移动通信、生物和健康、节能环保、高端装备与通用航空等高端技术为主，占出口技术合同成交额

的 81.5%，尤其是移动互联网领域的技术或服务出口达到 130563.7 万美元，同比增长 230.75%。

"6+4" 产业的企业技术或服务出口额一览表

表1-7 （单位：千美元）

序号	"6+4" 产业	2011年	2012年	同比增长（%）
1	下一代互联网	133903	216594	61.75
2	移动互联网	394753	1305637	230.75
3	卫星应用	10238	11118	8.60
4	生物和健康	224336	303627	35.34
5	节能环保	502221	395940	−21.16
6	轨道交通	365738	92925	−74.59
7	集成电路	68562	102438	49.41
8	新材料	107258	123066	14.74
9	新能源	73843	3092	−95.81
	新能源汽车	0	0	0
10	高端装备与通用航空	151446	172191	13.70

（二）标准创制和专利创造活跃，产业创新能力显著提升

"6+4" 产业领域国际标准化成绩显著，标准对产业发展的引领作用初步显现。中关村企业和研究机构主导完成了 IEEE 1888：泛在绿色网络控制协议技术标准（国际标准）、IGRS：信息设备资源共享协同服务技术标准（国际标准）、McWill：多载波无线信息本地环技术标准（国际标准）、TD-LTE：时分长期演进（国际标准）、UOML：非结构化操作置标语言（国际标准）等重要标准，大幅提升了我国在国际标准化领域的地位，对于产业创新发展提供了重要的支撑。

知识产权运营模式不断创新。2012 年，中关村积极营造将知识产权高效地转化成产品、实现发明创造经济价值最大化的市场环境，支持提供知识产权价值链全方位服务提供商的快速发展，涌现出了北京智谷、集智慧佳等代表性知识产权服务机构，为知识产权持有者与企业之间搭建知识产权服务平台，提高知识产权的生产力转化速度和质量。

五、产业空间布局优化调整，集聚效应进一步显现

下一代互联网以海淀园、亦庄园为核心，打造完整产业链。海淀园企业涵盖下一

代互联网整个产业链,具备较强的国内竞争力。亦庄园企业园和翠湖科技园聚焦云计算,浪潮、曙光、方正、同方等企业在国内市场占据重要地位。中关村软件园大数据产业优势突出,聚集了百度、腾讯、新浪等重点企业。

移动互联网以海淀园和亦庄园为核心,携中关村科学城、朝阳园、雍和园、石景山园及德胜园等,形成了"2+5"的区域发展格局。海淀园在应用服务、支撑与服务领域具有垄断性优势。朝阳园和亦庄园在移动终端、芯片、网络设备、支撑服务等方面拥有较大优势。西城园、石景山园则分别依托数字传媒和数字娱乐产业基地确立了移动文化创意产业的领先优势。

卫星应用以海淀园为核心,聚集了全产业链上的主要优势企业。海淀园几乎聚集了整个卫星应用产业链,在卫星导航芯片、终端以及大众应用、综合测试平台软件、地理信息系统的 GIS 引擎与平台软件、互联网位置服务等方面具有明显优势。顺义园在 GIS 领域有较强优势;朝阳园在遥感以及地图信息基础软件等方面具有优势;通州园拥有国家车联网产业基地,着重进行车联网的研发与制造。

生物和健康产业形成了"南制造、北服务"的两极区域发展格局。医药工业企业主要集中在昌平园、海淀园和大兴园,占据医药工业总企业数的 77.5%;医药商业企业主要集中于海淀园,占半数以上;医药服务业企业,海淀园以 240 家占据示范区医药服务企业总数的 47.3%。

节能环保产业形成以海淀园为核心,昌平园和朝阳园为重要支撑,其他多园协调发展的整体空间分布格局。海淀园重点发展工业节能领域的工业节能和节能服务,在大气污染防治、水处理与资源化利用、固废处理与资源化利用领域发展较好,环境服务领域企业数量多。昌平园和朝阳园在大气监测分析仪器、建筑节能等方面具有较强的比较优势。

轨道交通产业形成以中关村科学城为核心的"一核四基地"产业发展格局。海淀园轨道交通产业以研发设计和企业总部为主;丰台园是"轨道交通装备国家新型工业化产业示范基地",在车辆装备、信号系统领域建立了突出的优势;昌平园依托铁科院创新基地等在制动系统、扣件系统、工程机械等轨道交通装备制造领域形成了较好的基础;房山园在窦店北车基地建设带动下,正着力打造高端城市城际轨道交通车辆、高速动车组等关键核心部件制造高地。

集成电路产业形成了以海淀园为核心,在朝阳园东区、亦庄、顺义园形成次级区域聚集。海淀园是中关村集成电路产业的核心园区。园区内企业主要集中于中关村科学城 IC 设计基地和清华科技园,并拥有华胜天成、日电、中星微电子等龙头企业,"十二五"期间园区的企业承接了龙芯、半导体检测设备、大角度离子注入机等重点项目。

新材料产业多个园区优势互补，产业布局不断优化。 形成了海淀永丰国家新材料高新技术产业化基地、房山北京石化新材料科技产业基地、中关村科学城新材料创新高地等具有特色的新材料产业集群。同时，加大了大兴新能源材料和精细化工基地、顺义高性能金属和新型建筑材料、昌平先进电池和高端金属材料、怀柔特种金属功能和纳米材料等特色新材料产业聚集区的培育力度。

高端装备与通用航空产业空间布局形成了"多点开花，聚集发展"态势。 海淀园中关村科技城以通用航空产业为主，以中航工业集团为龙头；丰台园聚集了军用汽车类企业，主要发展高精密制造、应急救援高端装备等；昌平园以三一重工为龙头，形成了先进制造、高端医疗器械集聚发展态势；平谷园以泛亚通用航空、俄罗斯直升机为龙头，主要发展通用航空装备。

新能源产业主要集中在海淀园、丰台园、朝阳园和昌平园，占中关村新能源产业总收入的80%以上。 海淀园聚集了一批以中国核工业集团为首的大型核企业；朝阳园聚集了一批太阳能光伏企业；延庆的官厅风电、德青源沼气发电、中科院太阳能热发电等项目平稳运行，推动了智能电网建设和电网智能化改造。

新能源汽车产业依托整车龙头企业已经形成"一园两基地"的布局。 海淀园、西城园聚集新能源汽车关键材料的基础研发、电机控制器、新能源汽车运营等业务领域；昌平、大兴、顺义、房山和密云主要定位在生产制造环节，囊括了材料、电池、电机、整车等环节。

六、"6+4"产业创新特征鲜明，发展特色和优势初步形成

丰富的科技资源和创新能力使得中关村在"6+4"产业领域已开始形成参与国际产业竞争的重要突破口和技术积累，为迎接新一轮科技革命的到来奠定了抢占先机的基础。

下一代互联网产业技术基础雄厚，技术创新空前活跃。 一是中关村已初步形成较为完整的下一代互联网产业链，在标准制定、网络设备、关键软件、网络运营、终端设备等环节都取得了重大突破。二是在物联网技术研发、标准制定、市场应用和产业基础等方面处于全国领先地位，已形成了覆盖"感、传、处、用、服、管"等环节的较为完整的产业链。三是已形成较为完善的云计算产业链，在平台运营、云数据中心和云服务器生产三个关键环节占据优势。四是中关村在大数据技术研发、模式创新、产品提供等方面形成了明显优势，拥有百度、奇虎、新浪、搜狐等一批成熟的大型互联网公司，亿赞普、拓尔思、百分点等一批大数据公司也不断涌现。

移动互联网拥有云到端完整产业链，标准创制成效显著。 一是娱乐消费型大众应用为信息消费增长提供基础，电子商务等新型信息服务成为企业竞争重点。二是中关

村在芯片领域基础较好，面临重大发展机遇。拥有长期聚焦于CMMB、TD-LTE、TD芯片研发的创毅视讯及专注于MIPS研发、耕耘于行业领域的君正等。三是中关村终端制造业本地化发展，大出货量为拉动内需消费提供持续动力。中关村以诺基亚、摩托罗拉等国际企业为中心的移动智能终端制造产业逐渐衰退，天宇朗通、小米等国产品牌企业发展迅速。四是中关村TD-LTE产业资源丰厚，逐步形成完善的4G产业链条。

卫星空间资源建设取得重大突破，卫星应用引领全国发展。一是导航卫星、遥感卫星、通信卫星空间资源建设均取得重大突破。中国卫星通信集团有限公司的固定通信卫星资源达到了14颗，进入全球固定通信卫星运营商收入前10名。二是卫星导航芯片/终端厂商保持技术创新优势，处于行业领先地位。北斗星通、华力创通等发布了多款高端北斗多模多频接收机。三是电子地图和导航服务领域维持全国领军地位，企业品牌效应显著。拥有百度地图、图吧地图、搜狗地图、导航犬及诺基亚地图等。四是空间信息系统软件领域发展迅速，新产品层出不穷。超图软件、国遥新天地等软件产品处于国内领先水平。

生物医药引领生物和健康产业发展，生物农业呈加速发展态势。一是个性化医疗发展迅速，下一代基因测序和生物大数据分析技术促成精确诊断，为个性化医疗提供技术支撑。二是高端医疗装备本土企业迅速成长，一批填补国内空白、打破国际垄断的自主研发产品上市。三是疾病预防取得重大突破，在重大传染病疫苗研制方面与全球同步。四是生物农业发展加速，在通过分子标记和基因调控技术培育农作物改良新品种领域处于国际领先地位。大北农、奥瑞金、未名凯拓等一批本土企业发展成为现代农业创新和产业化基地。

工业节能领域规模优势明显，环保领域多元化发展。一是科技创新能力不断增强，技术辐射能力显现。2012年，中关村节能环保从事科技人员数量达85319人，企业内部用于科技活动经费支出达45.3亿元，专利申请数达到2214件。二是工业节能领域规模优势明显，收入分配较为集中。2012年，中关村工业节能产业收入约为1380.5亿元，约占中关村节能环保产业总收入的65.3%。三是在水处理领域，整体发展态势良好，以污水处理发展优势最为明显。2012年，中关村水处理产业收入约为123.9亿元，约占中关村环保产业总收入的29.1%。

轨道交通产业发展再上台阶，研发创新引领全国。一是科技研发能力全国领先，通信信号领域优势突出。已经形成较为完整的产业链条，聚集了147家在国内乃至国际知名的轨道交通企业。二是企业总部最为集中，龙头企业占据国内主要市场份额。在国内轨道交通车辆装备领域占有率超过95%的南车集团和北车集团的总部分别在海淀、丰台，为产业发展带来包括产品技术、重大项目、资金、人才等在内的众多资源。

集成电路产业布局日益完善，IC 设计领域引领产业成长。一是 IC 设计领域竞争力进一步凸显，聚集了包括中国华大、大唐微电子、同方、中星微、君正在内的国内行业龙头企业。二是中关村芯片设计与制造领域龙头集聚。拥有中芯国际、首钢日电、燕东电子等龙头企业，设计与制造能力全国领先。三是中关村产学研平台和技术研发资源高度聚集。拥有包括清华大学微电子所、北京大学微电子所、中科院微电子所在内的一批研发资源。

新材料产业发展重点突出，自主创新能力不断提升。一是金属材料、新型无机非金属材料和先进高分子材料是最具有优势的三个领域。二是纳米材料等新兴领域发展迅速，初步形成产业集群态势。三是产品结构不断优化，清洁、低耗、高端成为主流产品方向。首钢大力发展汽车、家电、高档建筑装饰用冷轧薄板，推进非晶微晶带材、稀土功能材料、高温合金等产品生产线建设；在建材领域，绝热保温材料、高性能节能保温窗、多功能幕墙、自洁型洁具等新型建材产品得到快速发展。

高端装备与通用航空产业研发优势明显，多个细分领域居全国前列。一是高档数控机床技术水平全国领先。北一数控机床成功研制出数控重型龙门机床，填补了国内空白。二是工业智能机器人产业化水平全国领先。拥有北京中航智科技有限公司、中国科学院自动化研究所等一大批机器人产业链骨干企业和科研院所。三是通用航空产业链完整，引领全国发展方向。拥有集团总部、国家级研究机构、著名高等院校等 20 余家，涉及产业链关键环节重点单位百余家，专业核心能力单位占全国 50% 以上。四是 3D 打印领域取得重大技术突破，带动产业整体跃迁。

新能源产业结构进一步调整，新能源汽车产业发展势头良好。一是新能源产业整体规模有所缩小，产业进入了调整期，产业结构日趋合理。二是中关村新能源汽车产业涵盖了整个产业链关键环节，电池、整车及电控领域发展态势良好。在核心电池领域，形成了以中信国安盟固利、北京有色研究院、国能电力和波士顿动力为中心的动力电池产业群；在电机领域，精进电动、亿马先锋、大洋电机等企业在研发和市场上获得突破；在整车领域，北汽福田、北汽新能源以及长安汽车都开始量产新能源汽车，新能源汽车整车集群逐步开始形成。

中关村示范区2013年
人才发展报告

目　录

一、人才资源总量持续增长，人才国际化特征逐步显现……………… 49

　　（一）人才资源规模不断扩大 ……………………………………… 49

　　（二）人才资源结构逐步优化 ……………………………………… 50

　　（三）国际化人才数量稳步提升 …………………………………… 54

二、高层次人才在中关村加速聚集，创新能力和经济贡献持续提升…… 56

　　（一）高层次人才资源总量持续提升 ……………………………… 56

　　（二）高端产业初步呈现人才集聚态势 …………………………… 57

　　（三）人才创新能力和经济贡献不断提升 ………………………… 58

三、改革创新深入实施，人才创业与培育体系不断完善……………… 62

　　（一）积极推动人才工作体制机制改革创新 ……………………… 62

　　（二）不断完善人才创业扶持体系 ………………………………… 64

　　（三）建立健全全方位、全链条人才培训体系 …………………… 65

四、人才工作平台不断拓展，十六园人才发展呈现新格局…………… 67

　　（一）未来科技城加速聚集"千人计划"专家 …………………… 67

　　（二）中关村科学城进一步激发人才创新活力 …………………… 68

　　（三）十六园积极探索人才工作模式 ……………………………… 68

2012 年是中关村建设人才特区的第二年。经过近两年的发展，中关村积极探索、先行先试，在人才工作机制和服务模式方面积累了一定的经验，加速了"人才智力高度密集、体制机制真正创新、科技创新高度活跃、新兴产业高速发展"的人才特区建设步伐。

一、人才资源总量持续增长，人才国际化特征逐步显现

（一）人才资源规模不断扩大

2012 年中关村人才资源[①]持续增长，持续超过硅谷人才资源总量。从数量规模上看，截至 2012 年底，中关村人才资源达到 158.60 万人，总量居全国高新区之首，比 2011 年增加 20.11 万人。从年增长率来看，2012 年人才资源年增长率达到 14.52%，略低于 2011 年，但仍比"十一五"期间年均增长率高出近 3 个百分点。同时，中关村人才资源总量比硅谷（138.47 万）多 20.12 万人[②]，这已经是中关村连续第二年超过硅谷人才资源总量。

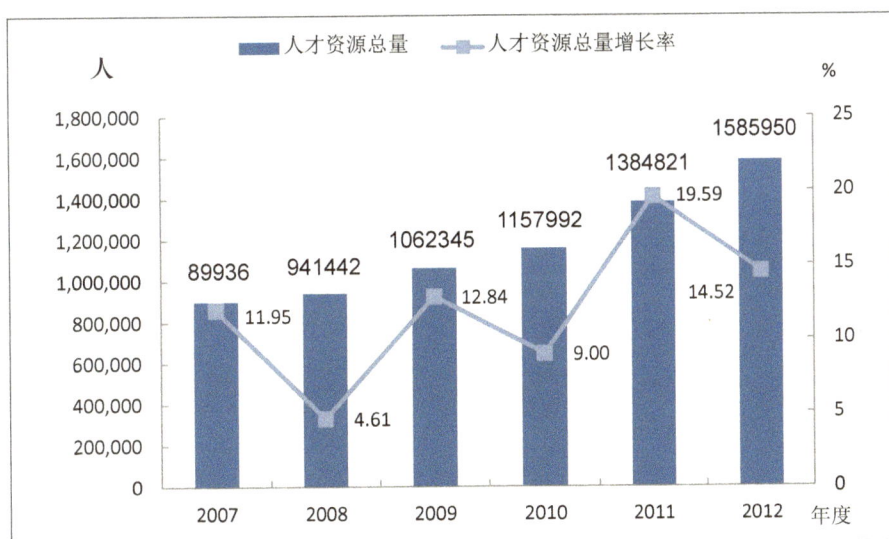

图2-1　2007—2012年中关村人才资源总量及增长率数据图

①本报告所指人才资源是指中关村示范区范围内科技企业的从业人员。如无特别说明，数据来源均为中关村管委会经济分析处，截止时间为2012年12月31日。

②硅谷数据来源于 index of Silicon Valley 2013，该报告每年由Joint Venture Silicon Valley Network和Silicon Valley Community Foundation联合发布。本文中所引用的硅谷数据如无特别说明，均来源于此。

大专及以上学历人员和科技活动人员继续保持增长态势。截至 2012 年底，中关村大专及以上学历人员达到 110.8171 万人，比 2011 年增加 15.13 万人，是 2007 年的 1.94 倍；科技活动人员达到 40.23 万人，数量创历史新高，比 2011 年增长了 4.29 万人。

图2-2　2007—2012年中关村大专及以上学历人员数量及增长率数据图

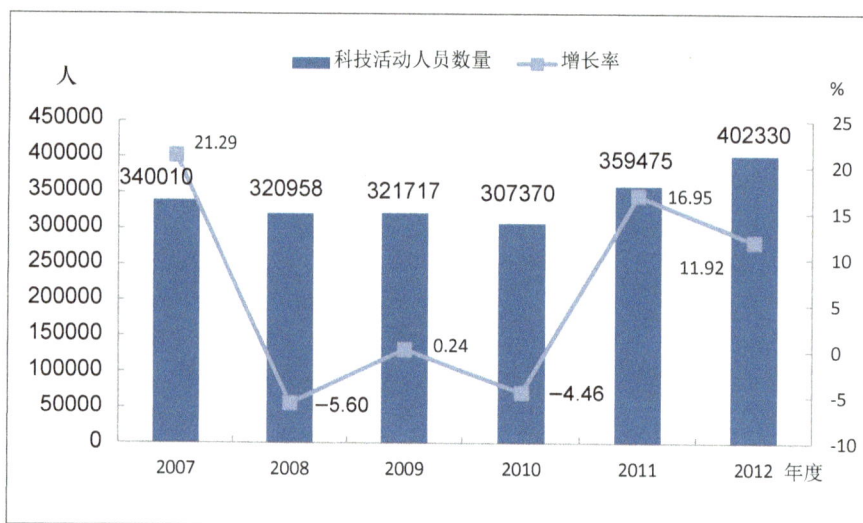

图2-3　2007—2012年中关村科技活动人员数量及增长率数据图

（二）人才资源结构逐步优化

人才资源的学历水平不断提高，2/3 以上从业人员拥有大专及以上学历，近一半拥有大学本科及以上学历。截至 2012 年底，中关村人才资源学历为大专及以上的占 69.87%；大学本科及以上学历人员总量达到 78.69 万人，比 2011 年同期增长 10.69 万人，增长率为 15.7%，占人才资源总量的 49.62%，高出同期硅谷地区大学本科及以上学历人员（占比 45%）4.62 个百分点。同时，硕士学历人员达到 15.67 万人，占中关村人才

资源总量的比重为 9.88%；博士学历人员达到 1.52 万人，占中关村人才资源的比重为
0.95%。

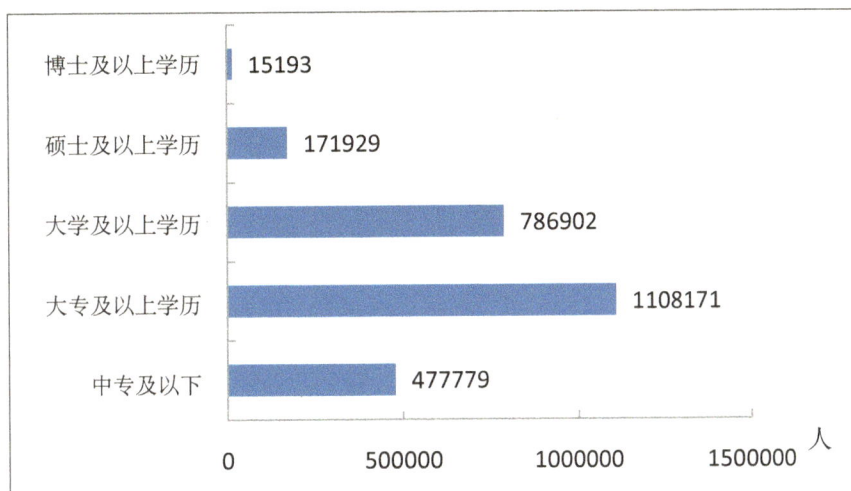

图2-4　2012年中关村人才学历数据图

　　从 2007—2012 年学历人才的数量和占人才资源的比重来看，中专及以下人才的数
量与占比保持明显的下降趋势，大专、本科、硕士、博士学历人才的数量和占比呈现
上升的趋势。其中，与 2007 年比较，大学学历的人才总量从 29.33 万人上升到 61.5 万人，
增长了 109.68%，所占比例从 32.59% 增长到 38.78%；硕士学历人才总量从 6.41 万人
上升到 15.67 万人，所占比例从 7.12% 上升到 9.88%。2012 年博士学历人才总数为 1.52
万人，比 2007 年增长 0.44 万人，占人才总量的比例稍有下降。

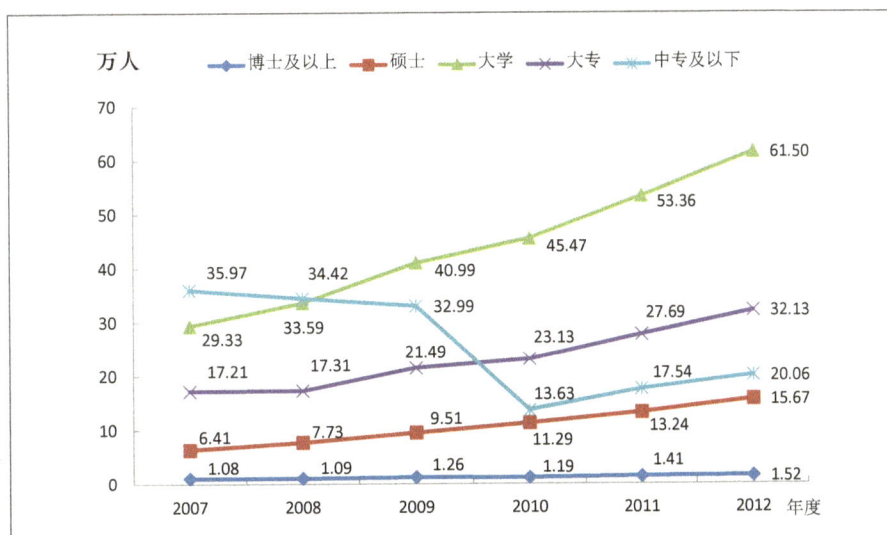

图2-5　2007—2012年中关村不同层次学历人才数据图

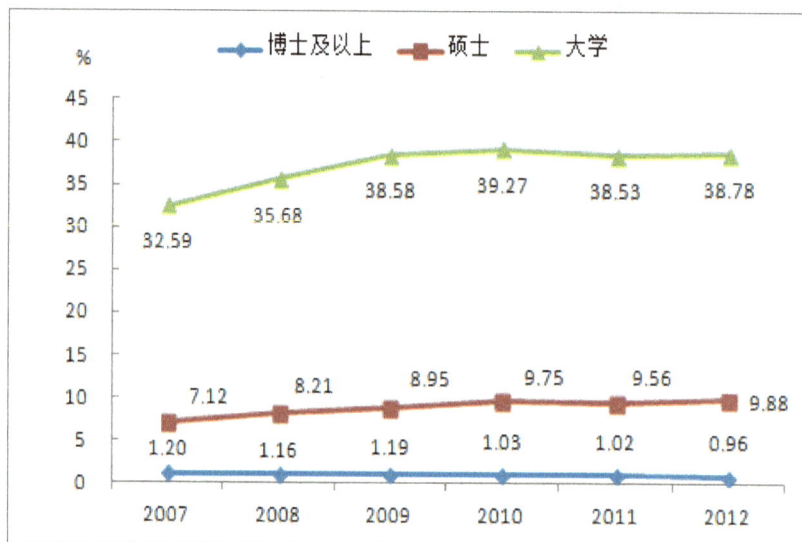

图2-6 2007—2012年中关村不同层次学历人才的占比数据图

技术职称人才的数量显著提升，占中关村人才资源总量的比重超过1/4。2012年，中关村技术职称获得者大比例增长，拥有技术职称人员达到41.21万人，比2011年同期增长了16.14%，数量规模和增长速度创历史新高。职称人才占中关村人才资源总量的比重达到25.98%，这一比例改变了近年来的下降趋势。

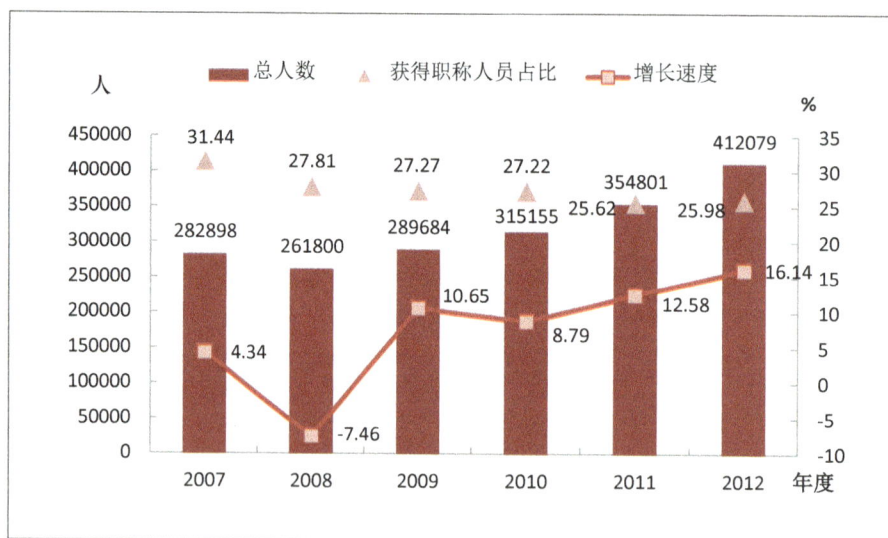

图2-7 2007—2012年中关村职称人才数量、占比与增速数据图

高级、中级、初级职称人才的数量均有所提升。得益于中关村职称制度创新，高级职称人才的数量大幅提升，总量达到8.35万，比2011年增长了1.30万人，增长速度为18.42%，高于职称人才的总体增长速度。从高级、中级、初级职称人才占职称人才的比例来看，2012年三类职称人才的比例为2：4：4。其中，获得高级职称的人才

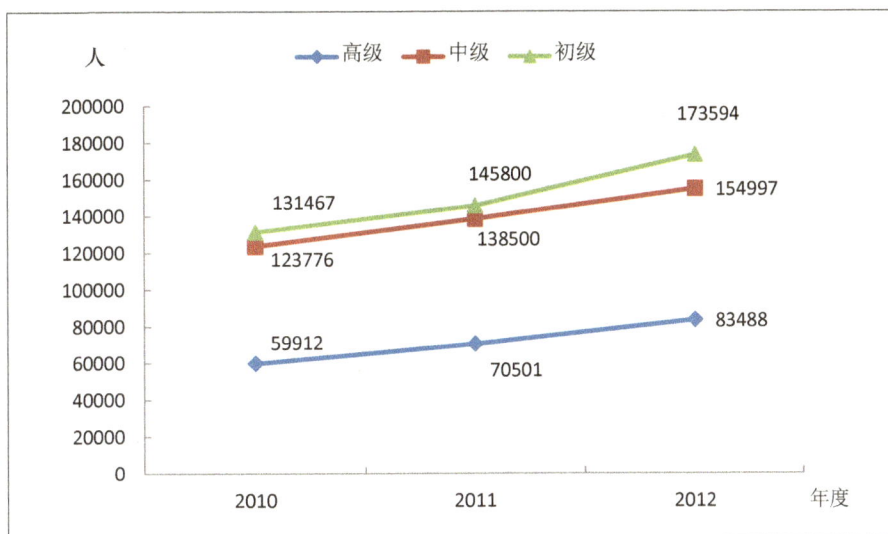

图2-8　2010—2012年中关村高级、中级、初级职称人才数量数据图

占职称人才的比例为 20.26%，比 2011 年增长了 0.39 个百分点。

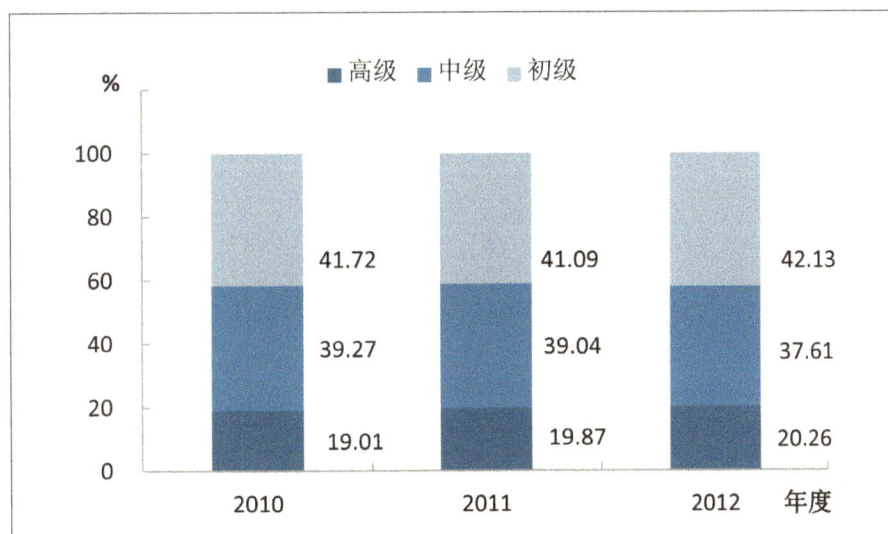

图2-9　2010—2012年中关村高级、中级、初级职称人才占比数据图

　　从年龄结构上看，中关村近一半的人才年龄为 30 岁以下，39 岁及以下人才占中关村人才总量的 80.08%。此外，40—49 岁和 50 岁以上年龄段的人才各占总量的 13.6% 和 6.32%。

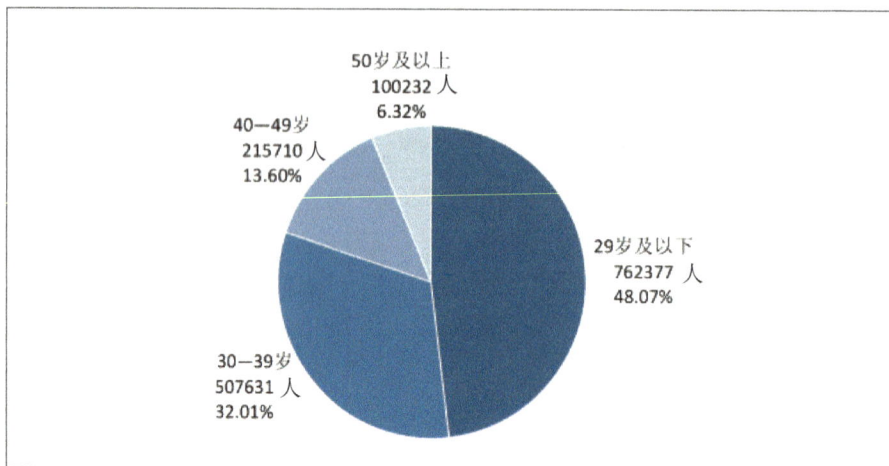

图2-10　2012年中关村人才年龄结构数据图

　　人才稳定性增强。截至 2012 年底，中关村在现有单位工作 3 年及以上的人才总量达到 66.98 万人，占中关村人才资源总量的 42.24%，比 2011 年上升了 0.6 个百分点。在现有单位工作 5 年及以上的人才总量达到 43.75 万人，占中关村人才资源总量的 27.59%，比 2011 年上升了 1.95 个百分点。

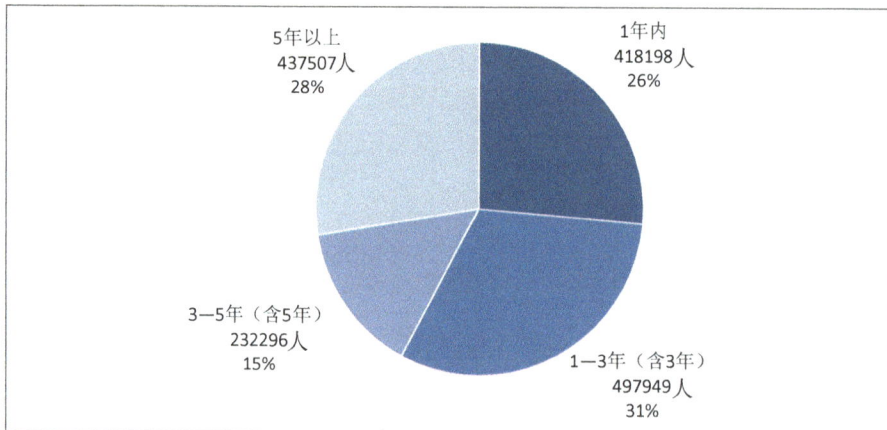

图2-11　2012年中关村人才工作年限分布数据图

　　（三）国际化人才数量稳步提升

　　2012 年中关村国际化人才[①]资源依然呈现增长趋势。2012 年国际人才总量为 23772 人，比 2011 年增长 4.75%。其中，留学归国人员数量再创新高，2012 年比 2011 年增长了 2398 人，达到 1.61 万人，同比增长 17.50%。受个别企业大型海外项目启动和完

————————————

[①]国际化人才一般包括三类：留学归国人员、港澳台和外籍人才、从事国际化业务并具有国际视野的本土人才。因为目前还没有针对从事国际化业务并具有国际视野的本土人才的统计，如无特殊说明，本报告中所统计的国际化人才主要包括前两类。

工的影响，港澳台和外籍人才数量出现下降，从 2011 年底的 8991 人，下降到 2012 年底的 7670 人，下降 14.69%。此外，从事国际业务的人员也逐步形成规模，在一定程度上补充了中关村国际化人才队伍。截至 2012 年底，中关村外资企业（外商投资和港澳台投资企业）1671 家，从业人员达到 45 万人。

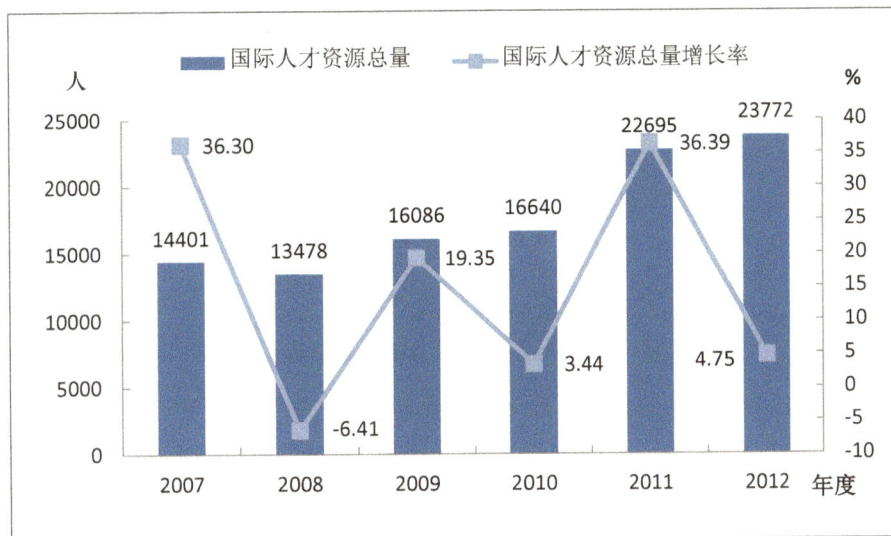

图2-12　2007—2012年中关村国际人才总量与增长率数据图

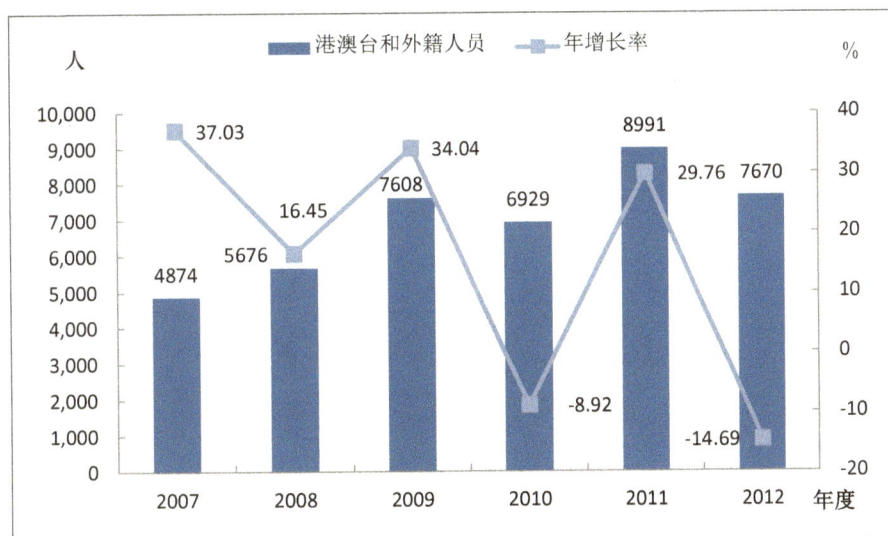

图2-13　2007—2012年中关村港澳台和外籍人才总量与增长率数据图

人

■ 留学归国人员 ■ 年增长率

%

图2-14　2007—2012年中关村留学归国人才总量与增长率数据图

此外，留学归国人员中，近80%人员的学历为硕士及以上学历。截至2012年底，中关村归国留学人员中硕士及以上学历人员达到77.13%，为近6年来最高值，远高于中关村硕士及以上学历人员的比例（10.84%）。

人

■ 留学归国人员中硕士及以上学历人员数量
■ 留学归国人员中硕士及以上学历人员比例

%

图2-15　2007—2012年中关村留学归国人才学历数据图

二、高层次人才在中关村加速聚集，创新能力和经济贡献持续提升

（一）高层次人才资源总量持续提升

截至2012年底，中关村共入选"千人计划"604人，占北京市的78%；北京市共引进"海

聚工程"437人，中关村386人，占北京市的74%；中关村"高聚工程"引进人才及团队137人。与2011年相比，"千人计划"人才增加了112人，增长22.77%；"海聚工程"人才增加了65人，增长了27.3%；"高聚工程"增加40人，增长了41.2%。

2012年中关村高层次人才增长情况一览表

表2-1

人才类别	2012年度入选数量（人）	累计入选数量			增长比例（与2011年底累计人数相比）
		截至2011年底（人）	截至2012年底（人）	截至2012年占北京市的比例	
千人计划	112	492	604	78%	22.77%
海聚工程	65	238	386	74%	27.3%
高聚工程	40	97	137	—	41.2%

从高层次人才工作单位属性来看，"千人计划"专家80%以上集聚在央属单位，不到20%集中在市属单位。央属单位中，以央属高校最为集中，央属高校"千人计划"专家占中关村地区"千人计划"总数的49.92%，央属科研院所占比19.81%，央属企业占比13.26%。市属单位中，以市属企业最为集中，市属企业"千人计划"专家占中关村地区"千人计划"的15.76%，超过央属企业的占比；市属科研院所和市属高校分别占比为0.94%、0.31%。

（二）高端产业初步呈现人才集聚态势

从技术领域来看，"千人计划"专家技术领域和研究方向以数学与物理和生物技术两大领域为主，所占比例分别为18.25%和16.69%；其次为信息技术（9.36%）、材料工程与新材料（7.96%）和节能环保与新能源（7.18%）。"海聚人才"的技术领域以信息技术、生物技术、医疗卫生技术领域为主，3个领域的"海聚人才"占中关村"海聚人才"总数的比重分别为22.54%、20%和14.92%。"高聚人才"的技术领域以信息技术、生物技术、节能环保与新能源领域为主，占比分别为51%、21%和10%，此外，风险投资领域"高聚人才"的比例也较高，占比为8%。

从高层次人才技术领域与"641"产业布局的关系来看，生物、信息、节能环保与新能源、新材料产业的高层次人才相对集中，轨道交通、卫星及应用、高端装备制造、新能源汽车以及现代服务业等领域的高层次人才相对较少。

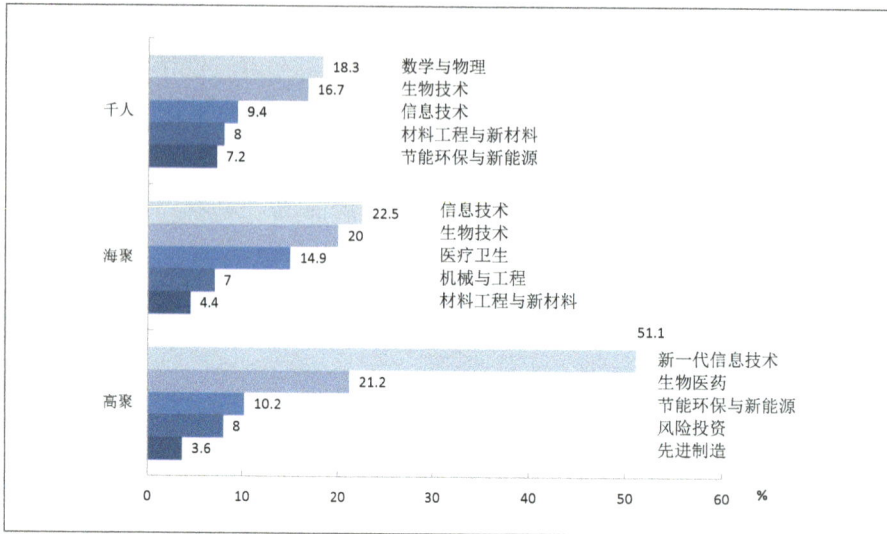

图2-16 高层次人才主要分布的技术领域数据图

（三）人才创新能力和经济贡献不断提升

科技人才[①]**数量稳步增加，人才创新能力与贡献持续增长。** 2012 年，中关村科技活动人员数量明显增加，数量达 402330 人，比 2011 年增加了 42855 人，增长了 11.92%。同时，科技人才申请授权的专利，尤其是发明专利的申请与授权量呈现较大的增幅。中关村每万人专利授予量持续增长，达 113.3 个，比 2011 年增长 21.15%。其中，每万人发明专利授权量 38.6 个，同比增长 7.2%；每万人发明专利申请量 109.6 个，同比增长 18.6%。

图2-17 2007—2012年中关村科技活动人员数量及增长率数据图

[①]此处科技人才是指科技活动人员，也即直接从事或参与科技活动的人员，包括参加科技项目人员、从事科技活动管理和为科技活动提供直接服务的人员，不包括全年累计从事科技活动时间不足制度工作时间10%的人员。

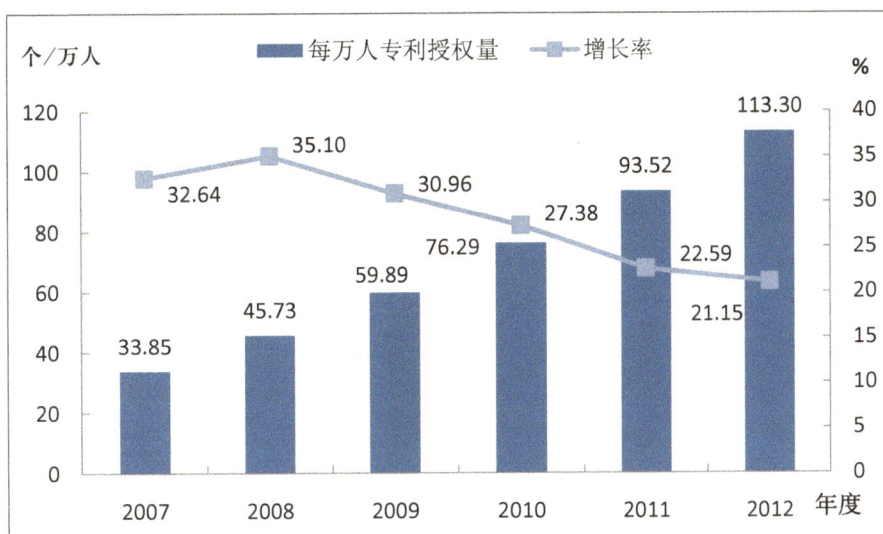

图2-18　2007—2012年中关村每万人专利授权量与增速数据图

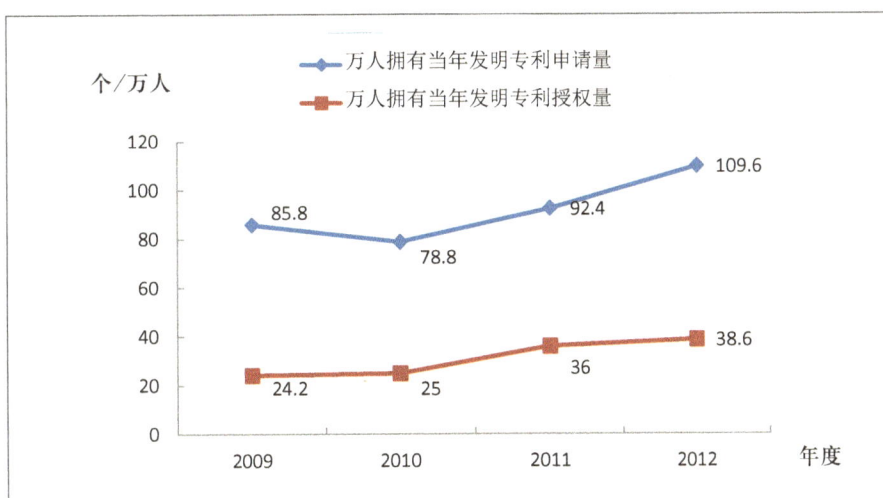

图2-19　2009—2012年中关村每万人发明专利申请与授权量数据图

中关村人才经济贡献率明显提高。2012年，中关村人均总收入157.8万元，比2011年同期增长11.21%；2012年人均增加值23万元，为近6年最高，比2011年增长2.22%。其中，新材料技术、新能源与高效节能技术、先进制造技术、环境保护、其他高新技术及配套技术产品产业等5个产业的人均总收入贡献最高，分别为299万元、231万元、230万元、119万元和175万元。

图2-20　2007—2012年中关村人均经济贡献（总收入）及增长率数据图

图2-21　2007—2012年中关村人均经济贡献（增加值）及增长率数据图

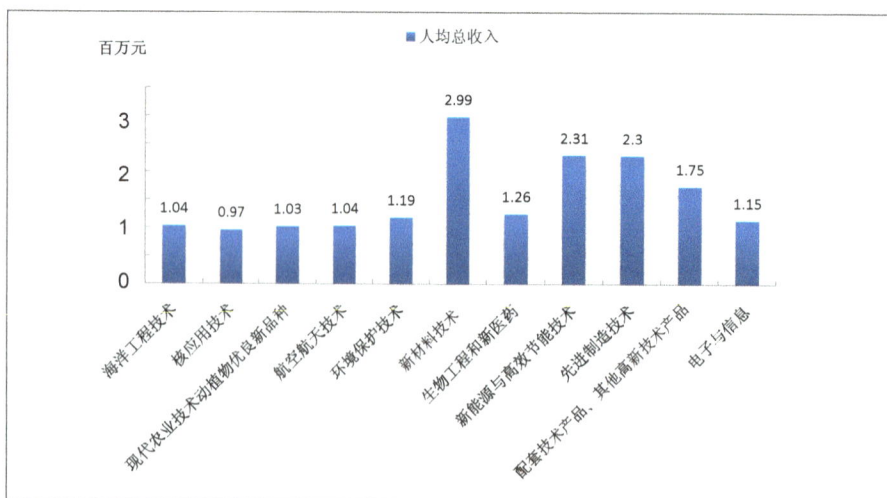

图2-22　2012年中关村人均经济贡献数据图

人均报酬率高于北京市平均水平。据统计,中关村的人均报酬2012年为9.8万元/年,高出北京市平均水平(8.5万元/年),比2011年中关村人均报酬水平增加了1.5万元/年。

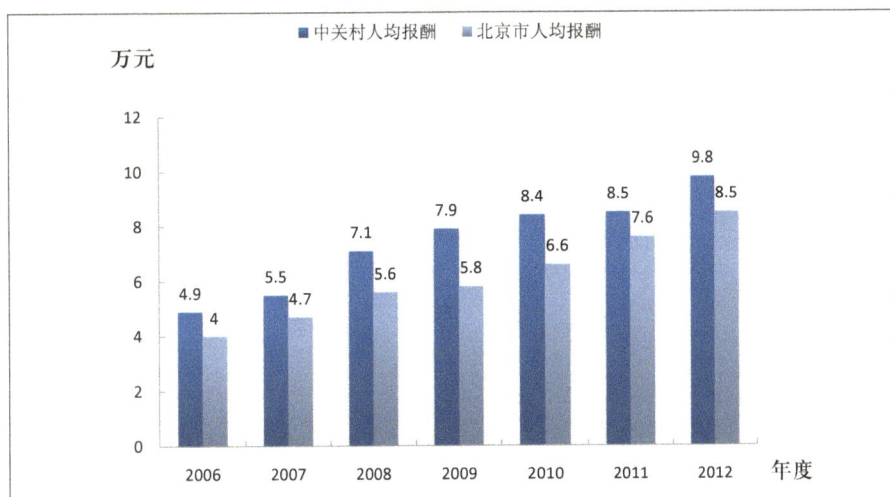

图2-23　2006—2012年中关村人均报酬数据图

人才数量与产业总收入呈现正态分布。2012年,中关村人才数量在行业分布与行业总收入分布的态势基本一致。其中,电子与信息行业在所有行业中发展规模最大,其收入占整个中关村技术行业总收入的35.7%。同时,电子与信息行业也是吸收人才最多的行业,其从业人员比例达到48.96%。先进制造行业总收入占18.5%,吸收从业人员比例占12.65%。新能源与高效节能行业总收入占比11.8%,其吸收从业人员比例为8.08%。

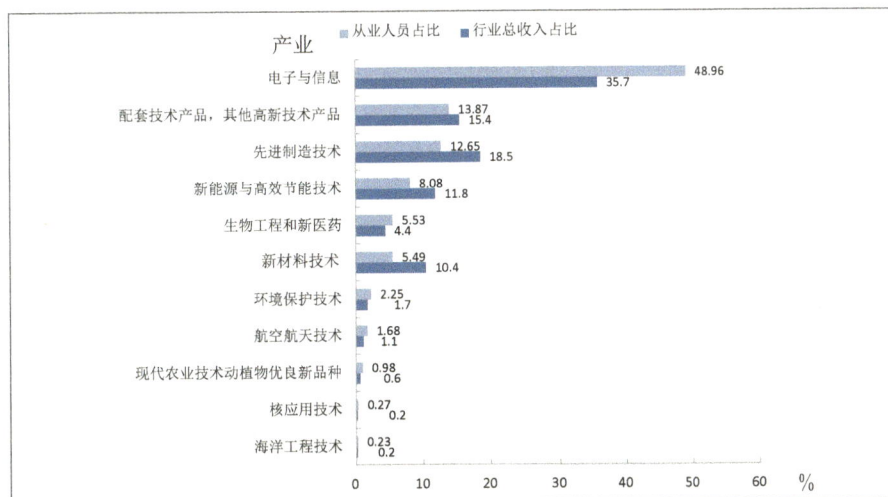

图2-24　中关村人才在不同领域的分布数据图

大企业聚集人才资源的优势仍然明显，20%的企业拥有中关村70%的人才资源。2012年，中关村总收入5000万元及以上的企业共2894家，占中关村企业总量的19.39%，这些企业人才资源总量为128.5万人，占中关村人才资源总量的81%。

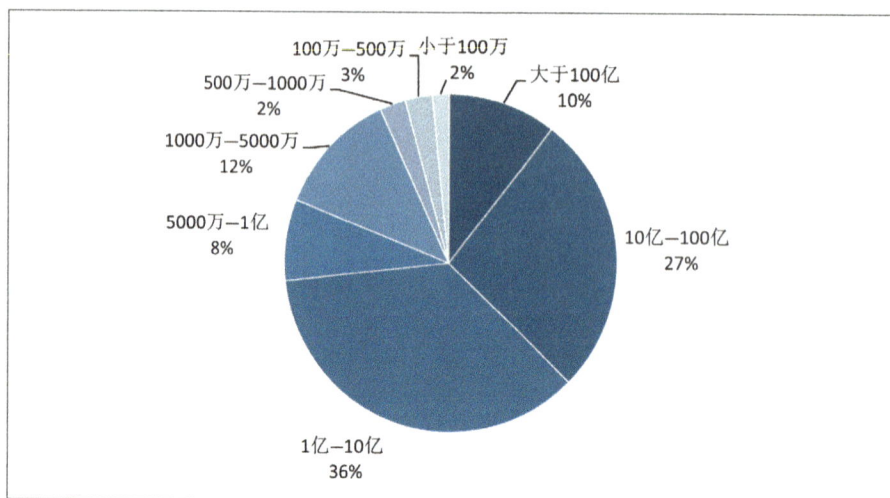

图2-25　2012年中关村人才在不同规模企业的分布数据图

三、改革创新深入实施，人才创业与培育体系不断完善

（一）积极推动人才工作体制机制改革创新

深入实施13项特殊政策，持续推动人才政策创新。一是落实"重大项目布局"政策，在人才特区优先布局和支持一批国家和北京市的重大科技专项、重大科技基础设施、战略性新兴产业重大工程及项目，扶持高端领军人才在云计算、物联网、生物医药等领域突破了一系列核心技术和关键技术，统筹安排新能源、新材料、高端装备制造等领域的546个重大项目落地。二是落实"境外股权和返程投资"政策，即简化人才特区内企业员工直接持有境外关联公司股权及离岸公司在人才特区进行返程投资的有关审批手续。协调市商务委，制定了《中关村人才特区内特殊人才返程并购审批管理试行办法》，征求中国证监会、国家外汇管理局意见。三是落实"结汇"政策，即改进人才特区外商投资企业管理，简化外汇资本金结汇手续。协调市金融工作局等部门，印发《关于本市开展股权投资基金及其管理企业做好利用外资工作试点的暂行办法》及实施细则，对于符合相关规定的股权投资机构及其企业，允许在投资行为真实发生的基础上，开展外汇投资并结汇。四是落实"科技经费"使用政策，允许高端人才及其团队按照一般不超过13%的比例列支科技间接经费。目前，共有1925个科研项目纳入改革试点范围。2012年，人才特区共列支科技间接经费1.82亿元，有效激发了科技人才的创新活力。五是落实"进口税收"政策，对人才特区符合条件的企业和科研

机构入境特需的科研、教学物品，免征进口关税和进口环节增值税、消费税。在国家海关总署的支持下，北京海关、中关村海关制定政策实施细则，并设立专门窗口办理相关业务。六是落实"人才培养""兼职"两项政策，支持校企联合培养人才、鼓励高层次人才合理流动。推动清华等19所"211"高校与百度等近百家知名企业合作开展人才互动项目，遴选百余名企业家和科研领军人才到市属高校担任兼职教授或研究生导师，实现了不同单位人才资源的优势互补。七是落实"资助"政策。北京市为入选中央"千人计划""北京海外人才聚集工程"的中关村高层次人才提供100万元人民币的一次性奖励；中关村为入选"高端领军人才聚集工程"的高层次人才提供100万元人民币的一次性奖励。八是落实"居留与出入境""落户""医疗""住房"和"配偶安置"5项服务政策。2011年以来，先后为149位有需求的高层次人才及其配偶和子女，办理了2—5年有效期的居留许可或多次往返签证，提供出入境方面的便利；建立急需人才引进的绿色通道，为741名企业高管和骨干技术人才办理了落户手续；在全市指定5所三级甲等医院作为定点医院，开通绿色就诊通道，服务高端人才就医；针对北京房价较高的情况，着眼于为人才提供安居条件，全市建成启用8625套人才公共租赁住房，到2015年，全市预计建成近2万套人才公寓，总面积可达168万平方米。

健全海外人才引进机制与渠道，形成遍布全球的海外引才工作体系。目前，中关村驻外联络处已达10个，其中美洲3个、欧洲4个、亚洲2个、大洋洲1个，已基本实现在世界主要发达国家和地区的全球布局。2012年，中关村在海外新设立驻悉尼、赫尔辛基、布鲁塞尔3个联络处，并在主要发达国家陆续聘任了19名市政府"海外人才工作顾问"，根植、联系和影响广大海外人才，引领人才回国创新创业。同时，修订完善了海外人才联络处的财务管理、人员管理等规定，强化了制度建设。

创新高端人才评价机制，试点实施中关村高端领军人才高级工程师（教授级）证书。已有80名中关村高端领军人才通过职称评审直通车，获得教授级高级工程师职称。这一做法受到了中关村高端人才的赞誉与肯定，良好的口碑逐渐在业界传播开来，产生了良好的社会效果。这种打破制约人才发展的"天花板"，建立"直通车"的创新做法，取得了两方面突破：一是实现了职称评审模式的转变。职称晋升一步到位，将学历、职称、资历、外语、计算机等硬性条件限制，转变为对业绩、成果和专业能力的软实力要求，切实体现了以业绩和能力为核心的职称评审导向。二是建立了符合高端领军人才特点的职称评价体系。

持续推动中关村创新平台的有效运转，人才特区资源整合机制和部市会商机制进一步健全。中关村创新平台组建后，共有19个国家部委37名司局级和处级干部参与平台工作，31个北京市相关部门的110名派驻人员到平台办公，率先在全国搭建了跨层级、跨部门的联合会议和决策机制，初步形成了资源集中、信息共享、流程明确的高效运行管理机制。中关村企业可享受到包括工商注册、税务登记、法律咨询、财务顾问、商务中心、信息咨询、技术交流、国际合作等一站式打包服务，无须当事人分别到各个政府部门逐一办理。通过开辟"绿色通道"，留学人员持"快办单"注册企业的时间从2个月缩短到2个工作日。中关村国家自主创新示范区围绕服务人才发展，建立了高端人才引进的联合审批机制，开通领军人才专业技术资格评价绿色通道，对入选"千人计划""海聚工程"的海外高层次人才提供专员制服务，优化人才发展的制度环境。

依托中关村创新平台，人才特区建设指导委员会各成员单位积极发挥作用，部市会商机制进一步健全完善。科技部将人才特区的重大科技项目优先纳入2012年"国家科技计划预备项目"体系。财政部牵头开展人才特区的现代服务业改革试点工作。国家发展和改革委员会、工业和信息化部研究推进一批战略性新兴产业项目在人才特区落地。教育部进一步推进高校新型产业技术研究院建设工作，开展产学研合作办学机制试点。在中国证监会支持下，北京市深化中关村代办股份转让试点，目前，累计有133家企业参与试点，进一步加快了场外交易市场建设。

（二）不断完善人才创业扶持体系

2012年，中关村在人才体制机制建设上持续开展"先行先试"，尊重人才的成长规律，从人才的成长链条入手完善人才政策扶持体系，探索服务企业新模式，开展了在校大学生创业培训活动，实施了雏鹰人才工程、高端人才服务工程计划等一系列重大人才专项工程，构建覆盖人才成长链条的完整的人才政策扶持体系，分门别类地为在校大学生、初创企业人才、海归人才、雏鹰人才、高端领军人才提供支持，营造有利于各类人才创新创业的良好环境，推动园区人才成长链创业服务建设打开新局面、取得新成效。

一是不断健全人才创业政策体系。 2012年，中关村管委会进一步完善了人才创业政策体系，陆续出台了《中关村国家自主创新示范区人才公共租赁住房专项资金管理办法》《中关村国家自主创新示范区创业投资风险补贴资金管理办法》《中关村国家自主创新示范区海归人才创业专项资金管理办法》《中关村国家自主创新示范区海内外优秀人才创业扶持工程专项资金管理办法（试行）》等文件，对相关政策的支持对象、支持条件、政策申报方式等进行了规定。

二是不断推进以大学科技园、科技企业孵化器、留学人员创业园、创新型服务机构等为主体的创业服务体系建设。 2012年，创业孵化机构数量继续增多，截至2012年底，中关村人才特区拥有产业联盟 126 家，比 2011 年增加了 36 家；留学人员创业园 34 家，比 2011 年增加 1 家；开放实验室 134 家、创业投资机构 301 家，大学科技园 26 家，行业协会 56 家。加快实施"金种子工程"，创业导师数量 32 人，创业企业数量 80 家。同时，围绕中关村战略性新兴产业集群创新引领工程"641"重点产业集群，已分 4 批认定了创新工场、车库咖啡、常青藤创业园等 20 家创新型孵化器，并将其纳入中关村示范区创业服务工作体系，引导其为创新创业人才的吸纳、培育和扶持发挥重要平台作用。

2011年、2012年中关村创业孵化平台统计表

表2-2   单位：家

年份	产业联盟	留学人员创业园	开放实验室	创业投资机构	大学科技园	行业协会	金种子工程创业导师数	金种子工程创业企业数
2012	126	34	134	301	26	56	32	80
2011	90	33	—	—	—	—	21	20

三是推动大学生创业服务。搭建大学生自主创新创业产业园、大学生创新创业就业促进会两大平台，推动大学生实习就业和大学生创业辅导。

四是加快雏鹰人才基地建设。雏鹰人才基地对人才的认定采取市场化方式，由天使投资、风险投资等投资管理机构推荐，经认定的雏鹰人才可获得创业启动资金支持，并能优先入驻雏鹰人才创业基地，享受不超过 100 平方米的办公用房租金补贴。自 2012 年 10 月启动中关村雏鹰人才工程以来，中关村管委会先期在海淀园、石景山园、望京园进行了试点，并结合各区县产业发展特点，遴选创投机构，筛选初创团队。通过雏鹰人才基地建设，政府资金撬动社会资本投入效果明显，以石景山园为例，该基地现有 62 家企业签约入驻雏鹰人才基地，其中 36 家为第一批雏鹰企业，政府提供的 400 万元房租补贴资金，吸引社会资本总投资超过 1.5 亿元，总资产规模近 15 亿元。

五是建好高端人才创业基地。高端人才创业基地以激励政策为核心，积极开展人才专项服务。中关村高端人才创业基地（天工大厦）共进驻企业 70 余家，推荐企业参加市区各级人才类项目申报 10 多项，13 家企业个人或机构获得政府人才类奖励；积极推动高科技成果产业化，协助企业申请各类产业化项目 16 项。此外，2012 年年底启动了中关村（石景山）文化创意产业高端人才创业基地建设工作。

（三）建立健全全方位、全链条人才培训体系

中关村积极整合利用各类优质培训资源，加强培训资金管理，在原有的中关村企

业家党校培训项目的基础上，于2012年度先后与台湾拓墣产业研究所、北大光华管理学院和国家行政学院等机构合作，组织实施了多项培训工作，初步构建了以中关村创业后备人才（大学生）、创业初期特别是海归人才（海创项目）、重点产业领军人才（台湾项目、国家行政学院项目）、全球影响力企业人才（硅谷项目）以及企业家精神塑造（党校项目）等多层次、多领域人才为对象的全人才链培训体系。

一是加强培训资金管理，提高资金使用效能。2012年，中关村人才特区为加强对中关村国家自主创新示范区人才培训支持资金的管理，提高财政资金使用效能，制定了《中关村国家自主创新示范区人才培训支持资金管理办法（试行）》，明确了人才培训支持资金的来源和用途，培训项目支持的主体和经费支出科目，培训与实践基地建设支持的条件及措施，资金审批与拨付的程序等，支持"中关村人才培训基地"和"北京高校青年教师社会实践基地"建设。

二是开展大学生创业培训项目，为中关村提供源源不断的创业后备力量。该项目主要面向有创业意向以及创业能力的在校大学生、应届毕业生，主要内容包含中关村创业名家高校宣讲会和大学生创业实战集训等。2012年中关村创业名家高校宣讲活动已成功在北大、北理工和清华大学举办10场，邀请中关村知名创业企业家向大学生介绍创业经验，参与企业数（次）557个，参与学生近5000人。

三是开展海归人才培训项目，帮助海归人才迅速了解国内创业政策，适应国内创业环境。该项目主要面向"千人计划""海聚工程""高聚工程"等各类高层次人才，帮助他们迅速掌握国家、北京市以及中关村各类政策，短期内适应国内创业环境。已举办6期，累计培训学员232人。

四是开展台湾培训项目和国家行政学院培训项目，帮助重点产业领军人才及时了解全球产业发展最新动态、把握产业未来发展方向。其中，国家行政学院培训项目主要面向中关村重点企业、上市企业的负责人已开展2期培训，培训学员78人。与台湾拓墣产业研究所合作，分2期组织47名中关村电子信息领域优秀企业家赴台湾新竹考察学习。

五是开展杰出企业家海外（硅谷）培训项目，引导中关村优秀企业家走出国门、放眼全球，与全球知名企业家和学者交融智慧，培养一批具有全球影响力的企业家。

六是实施中关村企业家党校培训项目，提高企业家政治素养和理论水平，增强领军企业家的历史使命感和社会责任感。党校培训班已举办6期，培训重点企业家222人。

七是搭建并运营中关村创新创业人才网络培训公共服务平台。平台于2013年2月正式与中关村管委会官网链接。截至2012年底，梳理并发布政策解读、人力资源管理等课件43门，完成了138家"企业网络学院"的安装，为中关村企业提供了便捷、高效的培训服务。

中关村人才特区人才培训体系一览表

表2-3

企业家培训	
中关村创新创业（海归）人才培训班	累计培训232人，其中入选"千人计划""海聚工程""高聚工程"的优秀创新创业人才共63人
中关村企业家党校培训班	举办6期，共培训222名中关村重点企业的企业家
中关村重点企业国家行政学院培训班	举办2期，培训学员78人
中关村重点产业领军人才赴台培训班	举办2期，组织47名中关村重点产业领军企业家赴台湾学习
中关村杰出企业家海外培训班（硅谷）	组织25名中关村优秀企业家赴美国斯坦福大学培训
专题培训	
中关村人才特区大学生创业培训项目	在北京大学、清华大学等高校举办10场中关村创业名家高校宣讲活动，惠及学生近5000人
大学生创业实战集训	结合团市委举办的"挑战杯"大学生创业计划竞赛，筛选有创业意向和优秀创业项目的大学生开展企业注册登记、创业团队组建等10场创业实操性课程集训
面向园区企业专业人士的人力资源等专题培训	举办20余场培训活动，累计培训相关企业人员2000余人

四、人才工作平台不断拓展，十六园人才发展呈现新格局

（一）未来科技城加速聚集"千人计划"专家

2012年，未来科技城央企建设项目加快实施，15家央企项目全部开工建设，共引进151名入选中央"千人计划"的高层次人才；神华、商飞、国电、武钢4家央企项目已入驻运行。

在科研项目和科研基础设施布局方面，截至2012年底，市科委等相关部门结合入驻央企的优势技术领域，在中粮、商飞、神华等9家集团，认定了17个市级重点实验室和工程技术研究中心，涉及食品安全、节能环保、高端装备制造、新一代信息技术、新能源新材料等产业领域。依托全市重大项目转化和产业化统筹资金，近3年与24家央企共同筛选和培育了63个科技项目，支持科技资金约2.5亿元，拉动央企资金投入近30亿元。其中，与首批15家央企共同培育了以薄膜太阳能电池、脱硝催化剂再生项目、特高压换流阀为代表的31个重点项目，支持科技资金1.6亿元。在这些项目中，

由"千人计划"入选者领衔承担的项目共 11 个，分布在新能源、新材料、新一代信息技术、高端装备制造、食品安全等领域；"未来科技城示范项目"4 个，集中在绿色低碳、生态建设领域；入驻央企在京二三级产业单位的成果转化类项目 16 个，集中在节能环保、智能电网、电信网络技术等具体领域。

（二）中关村科学城进一步激发人才创新活力

作为中关村核心区的核心，中关村科学城是我国科技智力资源最为密集、科技条件最为雄厚、科研成果最为丰富的区域，汇集了清华、北大等一批重点高校、上百家国家级科研机构、国家重点实验室和国家工程中心以及航天科技、联想集团等 6000 余家高新技术企业；拥有 523 名"两院"院士，约占全国总数的 36%。区域内众多科研机构、企业参与和承担了涉及"核高基"、大规模集成电路、新一代移动通信、大飞机等国家重大科技专项核心任务，在新能源、新材料、信息技术、生物技术等领域形成了丰富的科技创新成果。

2012 年，通过支持高校院所与企业建立了一批联合研究中心等模式，探索了人才引进和流动、科研项目经费管理、科研成果处置权和收益权管理、股权投资和股权激励、学研企合作、项目融资等方面的新型体制机制和创新模式。通过建立企业博士后工作站、流动站、实习基地等方式，实现企业与高校院所之间的人才联合培养与科技人员交流，为产学研合作助力。其中，海淀园博士后工作站从 1999 年 5 月建站以来，共设立 31 家博士后工作分站，先后与北大、清华、中科院等 30 多个流动分站的 70 多位博士生导师合作培养了 89 位企业博士后。

（三）十六园积极探索人才工作模式

2012 年 10 月 13 日，《国务院关于同意调整中关村国家自主创新示范区空间规模和布局的批复》（国函〔2012〕168 号）正式下发，至此，中关村示范区由"一区十园"发展到"一区十六园"。围绕解决示范区产业空间布局和创新发展中的突出问题，中关村重点在转变经济发展方式、实现科学发展方面试行新思路和新举措。在此背景下，2012 年，原有"十园"全面推进人才工作，不断探索新的人才工作模式；新扩园区根据中关村人才特区的政策文件，积极搭建了人才工作队伍，并根据区域特色和现有基础，推进各项人才工作。

其中，2012 年海淀区政府统一发布实施了"1+10"政策体系，其中的《海淀区促进创新人才发展支持办法》简称"海英计划"，面向海淀区重点发展的战略性新兴产业领域和海淀区传统优势产业领域的人才和项目，打造北京海淀引才品牌。

　　昌平园拟定了鼓励大学科技园、科技企业孵化器、留学人员创业园科技创新的政策文件，并以特色微型园为工作抓手，促进了相关产业在昌平园不同功能板块的快速集聚，展现出对高级人才、高新企业、高端产业的汇聚作用，探索了产业与人才融合的发展模式。

　　雍和园着力打造"雍和园硅谷文化与科技高端人才创业基地"，启动"3000-300-30计划"等专项工作，由雍和园管委会与诺基亚（中国）合作，旨在扶持开发创业者成长、鼓励并孵化初级创业者向互联网公司迈进，探索企业与政府双赢发展的模式。

中关村示范区2013年
创新发展报告

目　录

一、2012年中关村创新发展总体情况 ⋯⋯⋯⋯⋯⋯ 75

　(一) 创新投入大幅增长 ⋯⋯⋯⋯⋯⋯ 75

　(二) 创新产出成效明显 ⋯⋯⋯⋯⋯⋯ 78

　(三) 各领域创新能力不断提升 ⋯⋯⋯⋯⋯⋯ 81

　(四) 各园区创新特色进一步凸显 ⋯⋯⋯⋯⋯⋯ 84

　(五) 创新引领辐射效应显著增强 ⋯⋯⋯⋯⋯⋯ 87

二、中关村"先行先试"政策创新进展 ⋯⋯⋯⋯⋯⋯ 88

　(一) 中关村创新平台效能充分显现 ⋯⋯⋯⋯⋯⋯ 88

　(二) 6项"先行先试"政策扎实推进 ⋯⋯⋯⋯⋯⋯ 89

　(三) 政策创新探索新进展 ⋯⋯⋯⋯⋯⋯ 89

三、中关村协同创新体系建设新进展 ⋯⋯⋯⋯⋯⋯ 90

　(一) 企业创新主体地位不断增强 ⋯⋯⋯⋯⋯⋯ 90

　(二) 产学研协同创新取得重要进展 ⋯⋯⋯⋯⋯⋯ 90

　(三) 创新型服务组织建设成效显著 ⋯⋯⋯⋯⋯⋯ 91

四、中关村自主创新的新特点与新趋势 ⋯⋯⋯⋯⋯⋯ 91

　(一) 标准引领中关村高端化创新 ⋯⋯⋯⋯⋯⋯ 91

　(二) 产业链融合创新展示强劲活力 ⋯⋯⋯⋯⋯⋯ 92

（三）各类商业模式创新日益活跃 …………………………………… 92

（四）新型平台式协同创新开始兴起 …………………………………… 93

（五）跨区域创新协作逐步深入 ……………………………………… 94

2012 年是中关村全面实施示范区发展规划纲要和"十二五"规划的关键一年，园区创新发展取得里程碑式的新突破：经国务院批准，园区政策面积从"一区十园"233平方千米调整扩充至"一区十六园"488 平方千米；战略性新兴产业核心技术研发和产业化取得重大进展，驻区单位 59 个项目获国家科技奖，技术成果辐射全国；"1+6"系列先行先试政策效应显现，园区实现总收入 2.5 万亿元，同比增长 27.4%……中关村已成为首都创新发展引擎和我国最大的创新经济区。

在此背景下，开展中关村示范区创新发展的连续系列研究是一项十分有益的工作。在《中关村示范区 2012 年创新发展报告》的基础上，研究和编写《中关村示范区 2013年创新发展报告》，通过全面反映 2012 年度中关村示范区的创新发展情况及创新工作进展，及时把握中关村示范区创新发展新特点、新形势、新动向，有助于进一步提升中关村示范区创新发展水平，支撑首都率先打造创新驱动发展格局。

一、2012年中关村创新发展总体情况

(一) 创新投入大幅增长

1. 创新人才进一步集聚

科技活动人员数量突破 40 万。2012 年，示范区科技活动人员达到 40.2 万人，较2011 年增加 4.3 万人，科技活动人员占从业人员的比重为 25.4%。

图3-1 2007—2012年中关村科技活动人员变化数据图

高端人才集聚已初具规模。截至 2012 年底，中关村人才特区共有 604 人入选"千人计划"，较 2011 年增加 114 人，占全国入选总人数的 21%；303 人入选"海聚工程"，占全市入选总人数的 70%；137 名高端人才及其团队入选中关村"高聚工程"，初步形成"高端引领、带动全局"的人才发展格局。

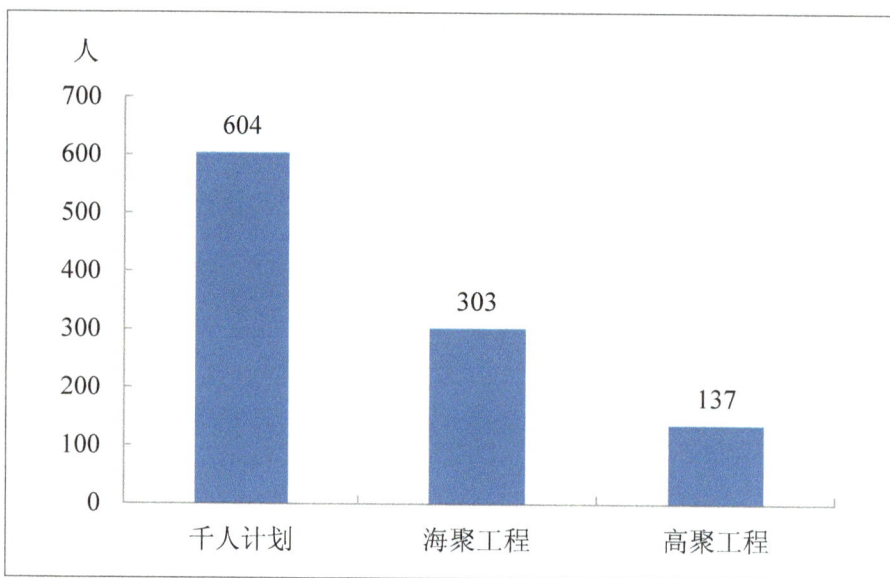

图3-2　2012年中关村高端人才集聚数据图

高学历从业人员稳步增长。2012 年，示范区从业人员总数达到 158.6 万人，比 2011 年净增 20.1 万人。其中，大学本科及以上学历的人员共有 78.7 万人，占示范区从业人员的比重上升至 49.6%。

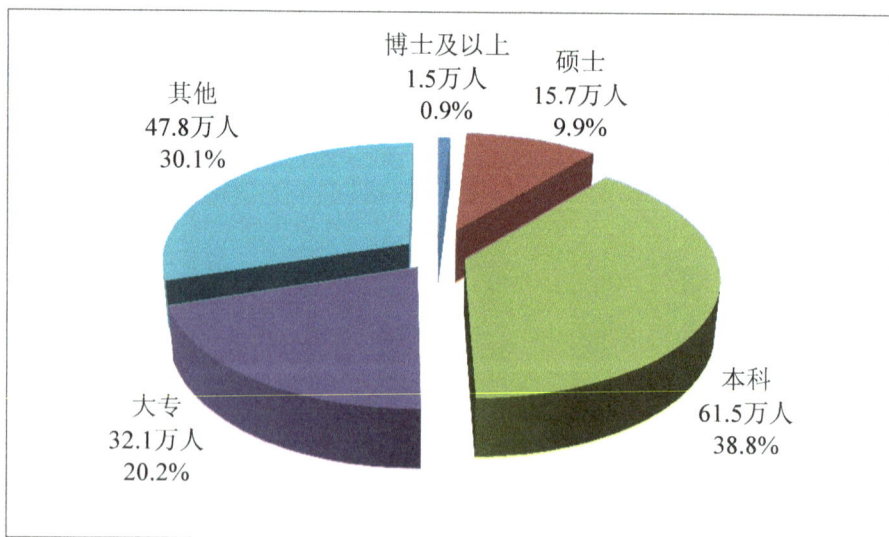

图3-3　2012年中关村从业人员学历结构数据图

2. 科研经费投入大幅增加

科技活动经费支出首次突破900亿元。 2012年，示范区科研经费投入大幅上涨，达到918.2亿元，比2011年净增137.2亿元，增幅为17.6%，创新投入强度达3.7%。

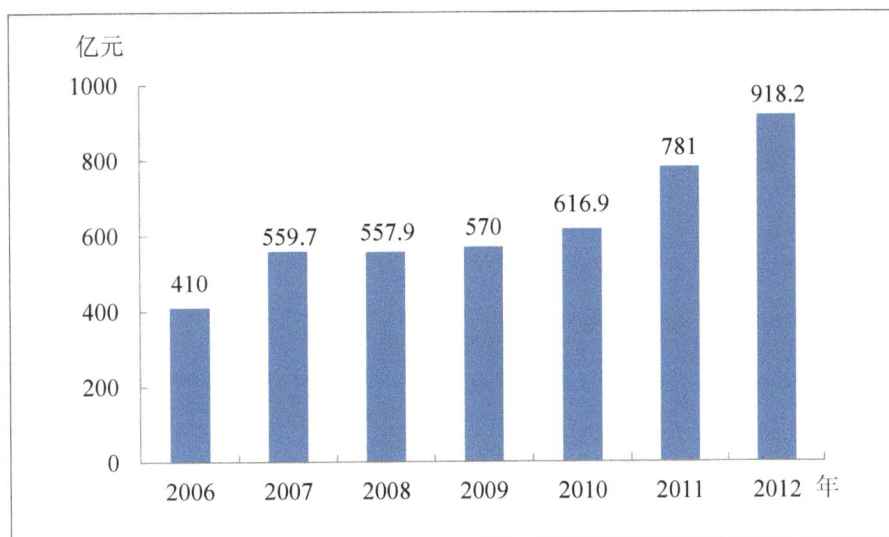

图3-4 2006—2012年中关村科技活动经费支出变化数据图

3. 科研机构设施优势明显

示范区聚集了大批国家级研发设施，为示范区创新发展提供了良好基础。截至2012年底，示范区拥有国家重点实验室、国家工程实验室、国家工程研究中心分别为112所、38所、38所，占北京市的比重均达到90%以上，其中国家重点实验室及国家工程实验室数量占全国比重均超过30%。

中关村国家级科技设施一览表

表3-1

科研机构类别	数量（所）	占北京比重（%）	占全国比重（%）
国家重点实验室	112	94.1	30.6
国家工程技术研究中心（含分中心）	57	86.4	17.3
国家工程实验室	38	92.7	30.2
国家工程研究中心	38	92.7	29.2
国家认定企业技术中心（含分中心）	48	87.3	5.2

（二）创新产出成效明显

1. 企业专利数量持续增长

专利申请数量增至近 3 万件。2012 年，示范区企业专利申请数量为 2.82 万件，同比增长 28.8%，专利申请量占全市的比重达 30.5%。其中，企业发明专利申请量为 17388 件，占企业专利申请总量的比重达 61.7%。

图3-5　2007—2012年中关村企业专利申请量及占全市比重变化数据图

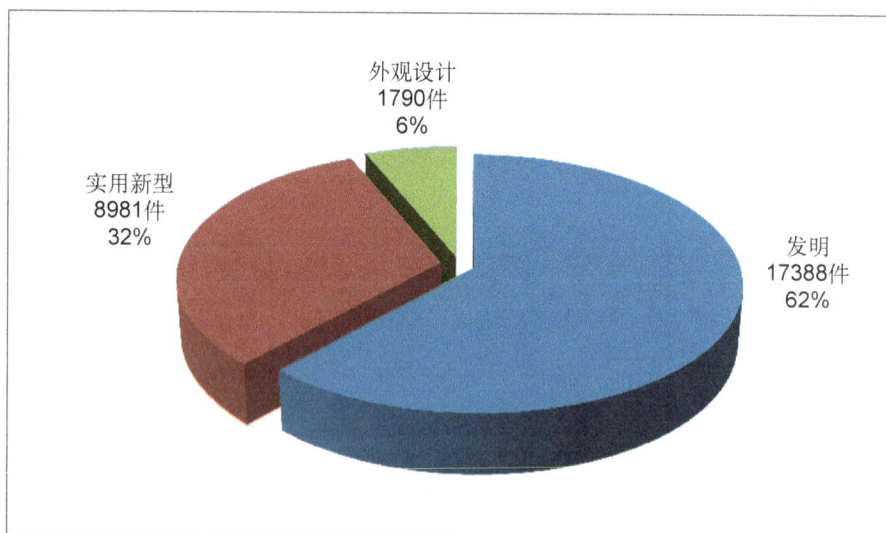

图3-6　2012年中关村企业3种类型专利申请量及占比数据图

专利授权量逐年攀升。2012 年，示范区企业专利授权量达到 15407 件，同比增长 22.4%，占全市的 30% 以上。

图3-7　2007—2012年中关村企业专利授权量及占全市比重变化数据图

万人拥有发明专利数量稳步增加。2012 年，示范区企业万人拥有当年发明专利申请量和授权量分别是 109.6 件和 38.6 件，较 2011 年稳步增长，增幅分别是 18.6% 和 7.2%。

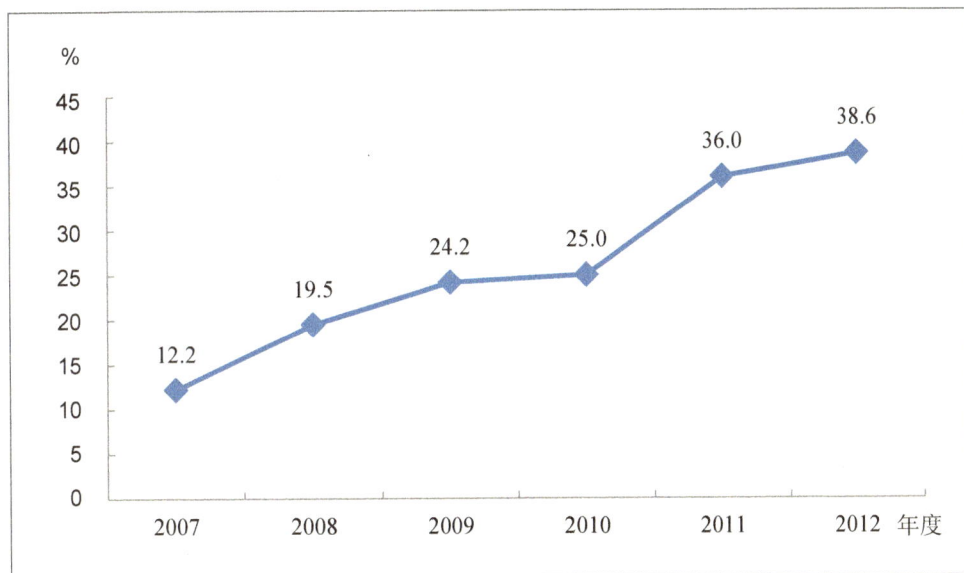

图3-8　2007—2012年中关村万人拥有发明专利授权量变化数据图

PCT 申请量显著增加。国际专利方面，2012 年中关村企业 PCT 专利申请量为 1736 件，较 2011 年的 876 件增长 98.2%。PCT 专利申请量占北京市的 64.2%，占国内企业申请量的 12.8%。

2. 创制标准数量再创新高

2012 年, 中关村示范区企业创制标准 194 项, 其中国际标准 16 项, 国家标准 127 项, 行业标准 43 项。截至 2012 年底, 示范区企业累计主导创制国际标准 103 项, 国家标准 2569 项, 行业标准 1677 项, 地方标准 125 项[①]。中关村企业主导创制的标准在产业发展中的引领作用逐步显现, 天地互连、和利时、天元网络、四方继保等一批企业在技术标准化领域取得新的突破。

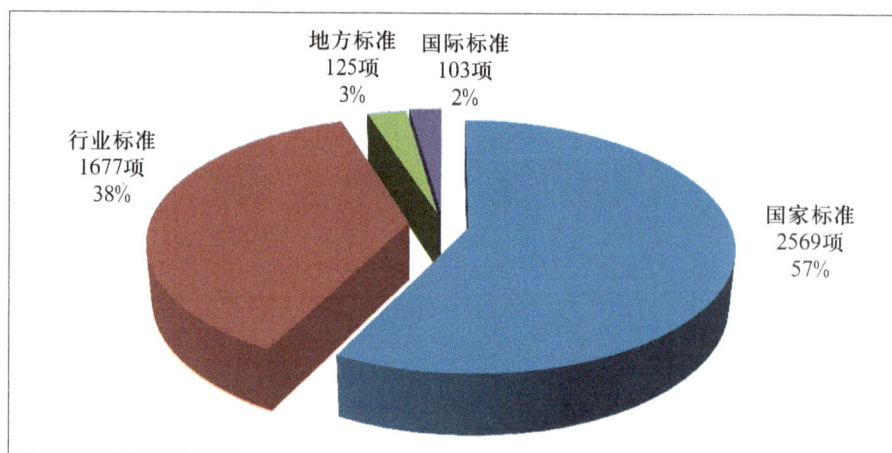

图3-9　截至2012年底中关村创制标准数据图

3. 技术收入实现新突破

2012 年, 中关村实现技术收入再创新高, 达到 3403.1 亿元, 比 2011 年增加 558.2 亿元, 同比增长 19.6%。其中, 技术开发收入 657.9 亿元, 同比增长 22.4%; 技术承包收入 714.7 亿元, 同比增长 52.6%。

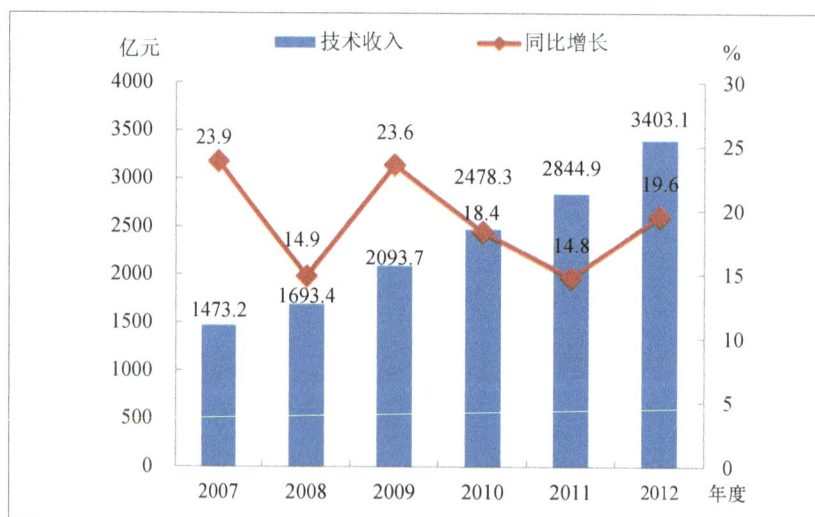

图3-10　2007—2012年中关村技术收入变化数据图

---

① 数据来源: 中关村国家自主创新示范区标准化行动计划 (2013—2015年), 2013年。

4.商标有效注册量大幅增加

2012年，示范区商标申请65916件，比2011年增长17.4%，商标有效注册量为45131件，比2011年增长7048件，拥有北京市著名商标157件、中国驰名商标41件。

中关村商标申请与注册一览表

表3-2

商标类别	累计数（件）	当年新增数（件）
商标申请件数	65916	9754
商标有效注册量	45131	7048
中国驰名商标	41	10
北京市著名商标	157	23
中国申请人马德里注册	—	136

（三）各领域创新能力不断提升

1.各领域创新投入

2012年，示范区各产业领域创新投入继续保持稳步增长态势，重点产业科技活动资金投入显著增长，人才集聚效应进一步显现，高技术企业规模不断扩大。

电子信息领域科技活动经费支出规模最大。2012年，示范区科技活动经费支出最多的是电子信息领域，达到552.5亿元，占60.2%。从各领域研发强度来看，电子信息、环境保护、生物医药等领域科技资金投入强度分别为6.2%、4.3%、4.0%，均高于示范区整体水平。

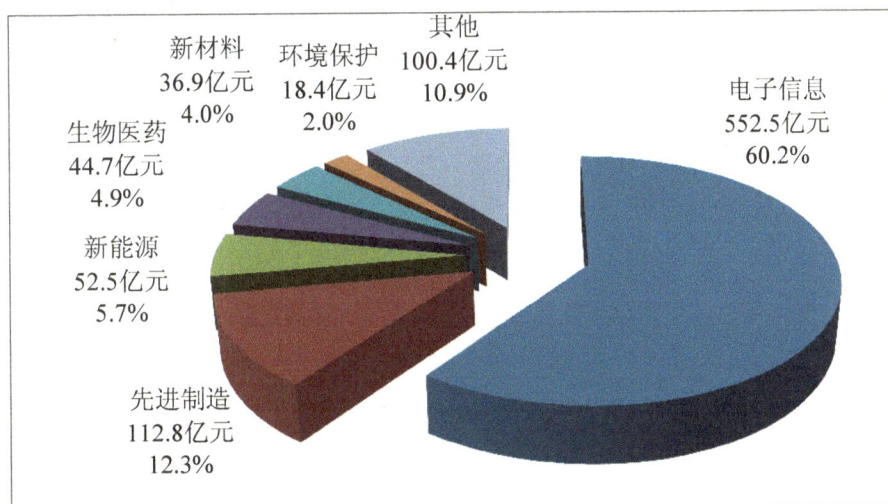

图3-11 2012年示范区不同技术领域科技活动经费支出及占示范区比重数据图

重点产业人才加速集聚。2012 年，示范区电子信息、先进制造、新能源、新材料和生物医药五大产业领域从业人员占总量的 81.3%，科技活动人员占总量的 87.5%。其中，电子信息产业领域从业人员达 71.3 万人，占总量的 51.5%；科技活动人员 24.1 万人，同比增长 11.2%。

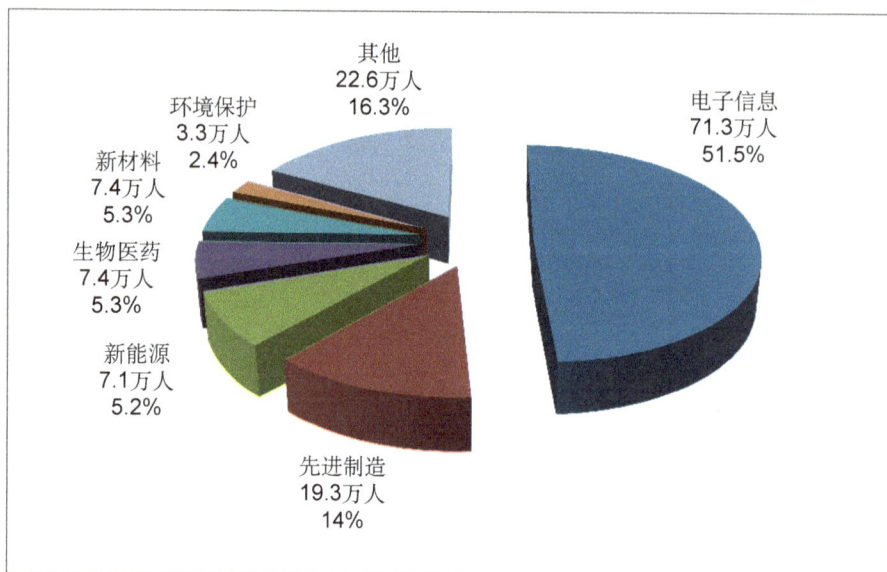

图3-12　2012年示范区从业人员产业领域分布及占示范区比重数据图

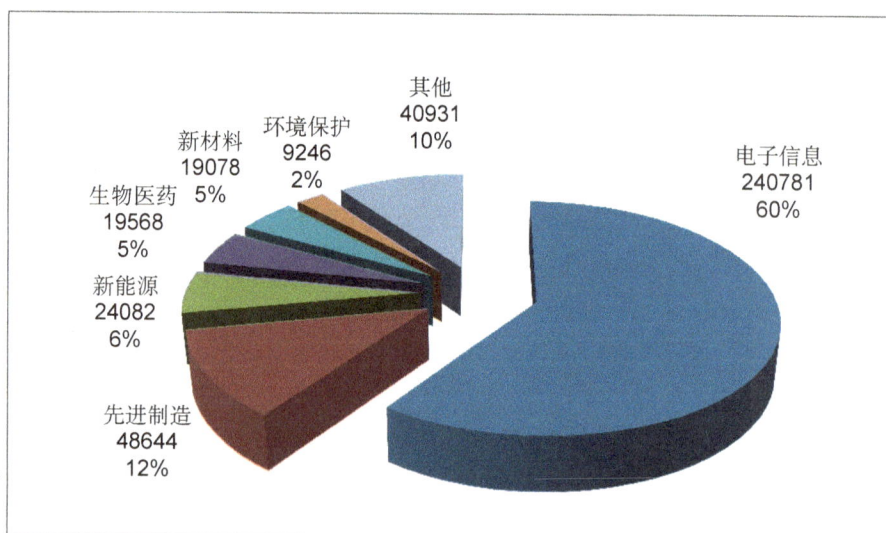

图3-13　2012年示范区科技活动人员产业领域分布数据图

2. 各领域创新产出分析

电子信息领跑示范区各领域专利申请和授权量。电子信息领域独占鳌头，专利申请量为 15168 件，占专利申请量半数以上。从发明专利申请授权结构看，发明专利申请授权量占主导地位，电子信息和生物医药领域发明专利申请量和授权量占总申请量和授权量的比重均超过50%。

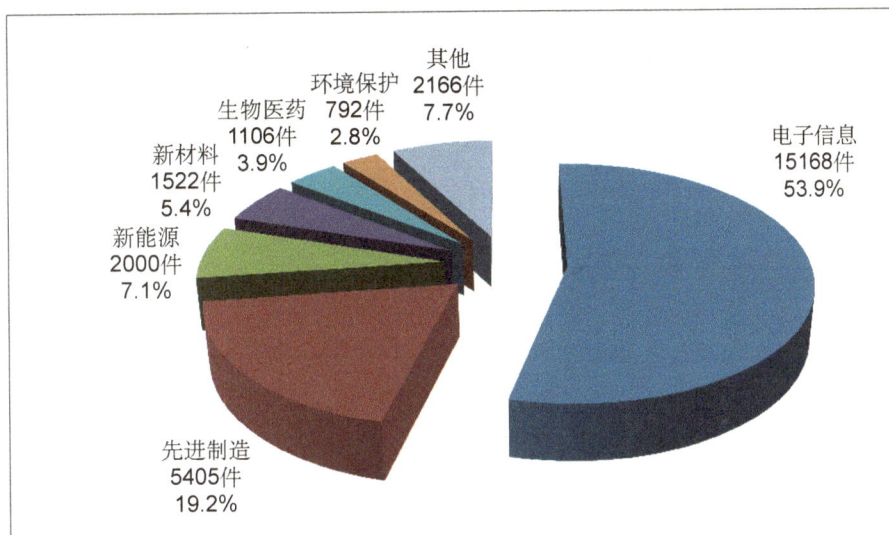

图3-14　2012年中关村技术领域专利申请数量及占比数据图

　　各领域技术交易稳步增长。2012年，电子信息领域占示范区技术交易额近40%，是示范区成交规模最大的技术领域，成交额477.4亿元，同比增长43.4%；新材料技术交易增幅最快，技术交易成交额为31.3亿元，约为2011年的1.8倍。

　　技术标准引领各产业领域创新。截至2012年底，电子信息产业领域形成标准710项，占示范区的48.5%，是示范区创制标准最多的产业；新材料产业形成标准250项；新能源产业形成标准121项；生物医药产业形成标准67项；先进制造产业形成标准93项。

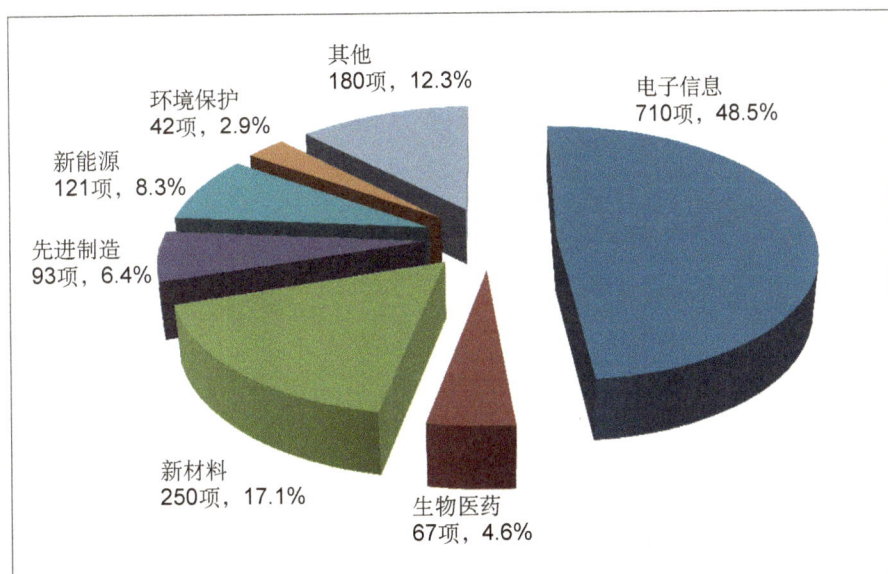

图3-15　2012年示范区各领域形成标准数据图

　　各产业领域商标战略成效显著。2012年，电子信息产业拥有注册商标数14271件，当年注册商标1930件，占示范区当年注册商标的62.3%；先进制造产业拥有商标数4030件，当年注册商标225件，占示范区当年注册商标的7.3%；生物医药产业拥有商标数2720件，当年注册商标数394件，占示范区当年注册商标的9.5%。

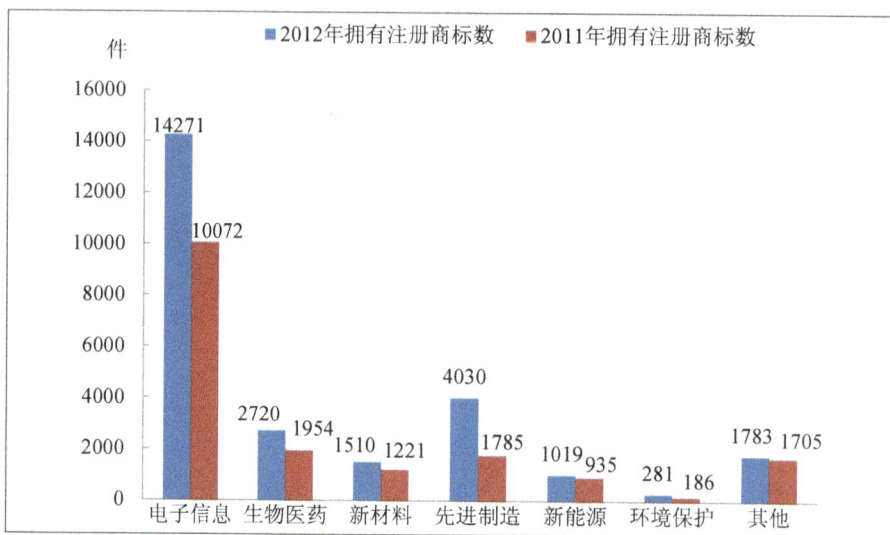

图3-16　2012年示范区各领域拥有注册商标数数据图

（四）各园区创新特色进一步凸显

1.科技活动经费支出

　　海淀园科技活动经费支出首次突破500亿元。2012年，海淀园科技活动经费支出为504.4亿元，首次突破500亿元，同比增长18.2%，占示范区科技活动经费支出的54.9%，居示范区的第一位，且远远领先于其他园区。

图3-17　2007—2012年海淀园科技活动经费支出及占中关村比重变化数据图

雍和园科技活动投入强度最大。2012 年，雍和园科技活动经费支出占总收入比重为 7.35%，在各园区中排名第一。

图3-18　2012年各园区科技活动经费支出占总收入比重数据图

2. 创新人才投入

海淀园拥有大学及以上学历人员数量居第一位。2012 年，海淀园拥有大学及以上学历人员数量为 46.55 万人，其中拥有博士及以上学历人员数为 8969 人。

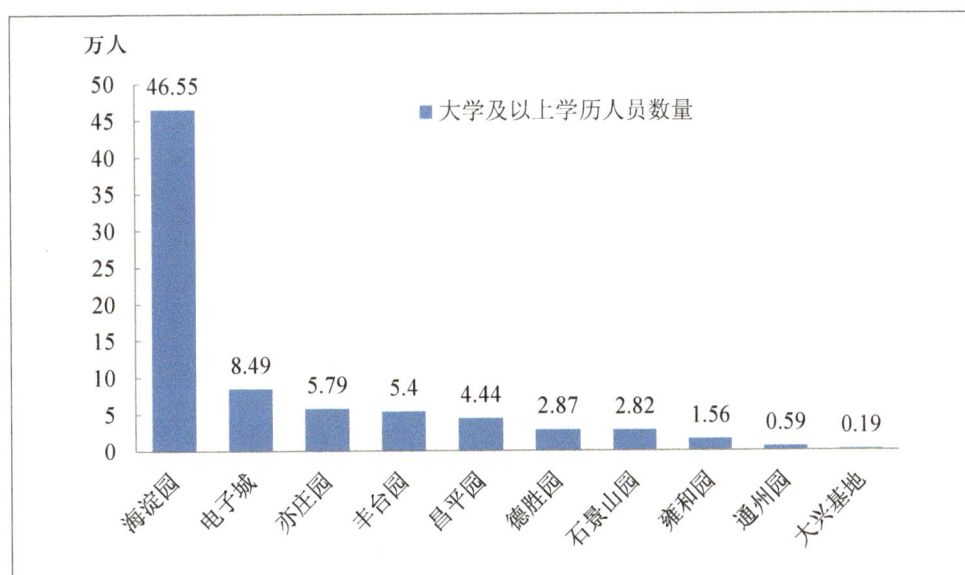

图3-19　2012年各园区拥有大学及以上学历人员数据图

雍和园拥有硕士及以上学历人员比例最高。2012 年，雍和园拥有硕士及以上学历人员数量为 3753 人，占从业人员比重的 18.11%，在示范区各园区中比重最高。

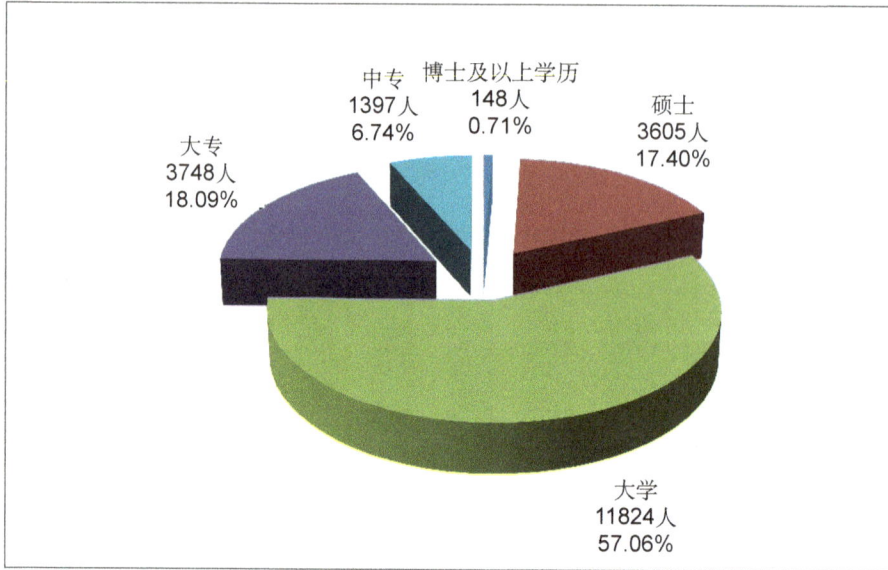

中专 1397人 6.74%

博士及以上学历 148人 0.71%

硕士 3605人 17.40%

大专 3748人 18.09%

大学 11824人 57.06%

图3-20　2012年雍和园从业人员学历数据图

3. 新产品销售收入

雍和园新产品销售收入同比增幅居首位。2012 年，雍和园新产品销售收入为 0.98 亿元，同比增长 16.3 倍，增长幅度居示范区第一位。

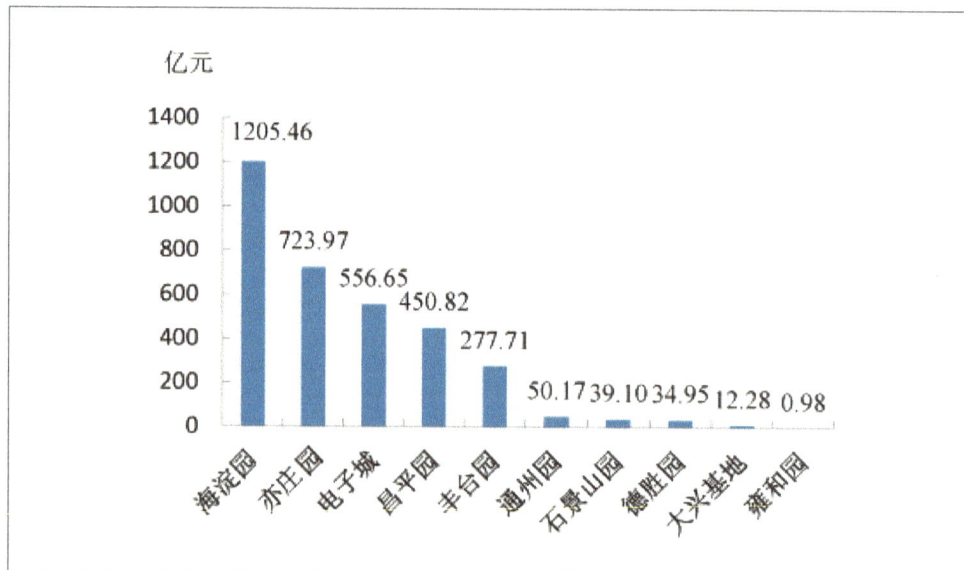

亿元

图3-21　2012年各园区新产品销售收入数据图

通州园新产品销售收入首次突破 50 亿元。2012 年，通州园新产品销售收入为 50.17 亿元，首次突破 50 亿元，同比增长 1.61 倍，占示范区新产品销售总收入的 1.5%。

4.专利申请与授权

海淀园发明专利申请量超万件。 2012 年，海淀园专利申请量达 15117 件，同比增长 20.0%，其中发明专利申请量首次突破万件大关。

电子城平均专利申请量、平均专利授权量均排名第一。 2012 年，电子城有 162 家企业申请专利、148 家企业获得专利授权。电子城企业平均专利申请量、授权量分别为 24.8 件、11 件，在各园区中均居首位。

亦庄园先进制造领域专利最集中。 2012 年，亦庄园企业共申请专利 1623 件，获得专利授权 1264 件。其中，先进制造领域专利占比为 51.6%，相对其他领域优势明显。

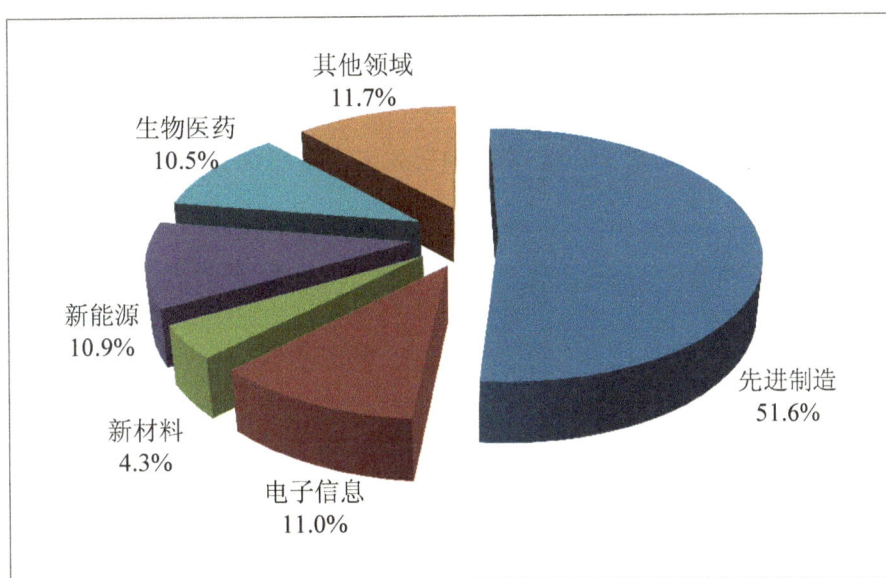

图3-22　2012年亦庄园专利申请技术领域分布数据图

（五）创新引领辐射效应显著增强

流向外省市技术成交额大幅增长。 2012 年，示范区流向外省市技术合同 17440 项，成交额 602.4 亿元，同比增长 37.8%，占示范区的 50.2%，比重较 2011 年提高了 17.1 个百分点。2012 年，示范区出口技术合同 810 项，成交额 187.9 亿元，较 2011 年下降了 67.8%，占示范区的 15.7%。

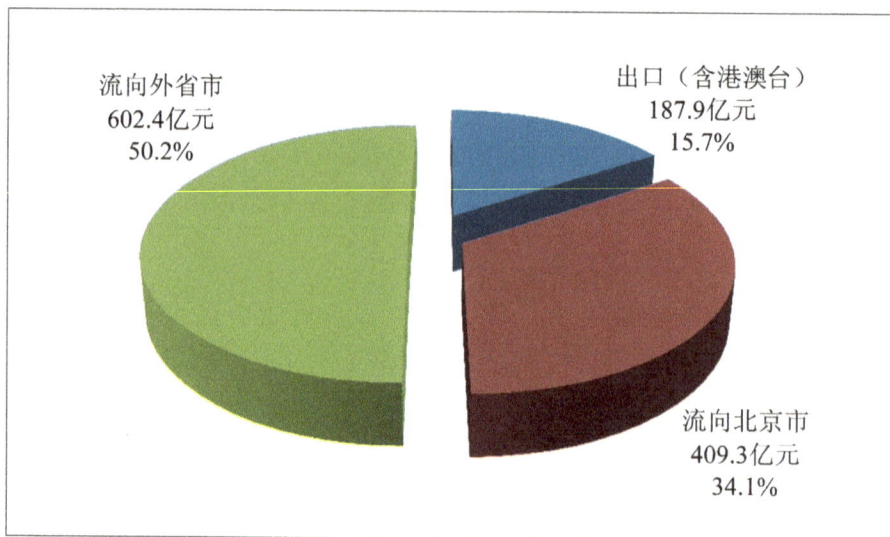

流向外省市
602.4亿元
50.2%

出口（含港澳台）
187.9亿元
15.7%

流向北京市
409.3亿元
34.1%

图3-23　2012年中关村技术交易输出数据图

二、中关村"先行先试"政策创新进展

总体上看，"1+6"政策实施两年来，尤其是中关村创新平台运转两年以来，在推动中关村创新发展、促进高校院所和企业科技成果转化和产业化、激发科技人员创新积极性等方面，发挥了重要作用。

（一）中关村创新平台效能充分显现

一是中央有关部委会同北京市共同制定先行先试政策实施细则。依托创新平台的集中统筹工作机制，围绕"1+6"新政策，各部委会同北京市，相继研究出台了科技成果处置权和收益权改革、股权激励改革等一系列政策试点文件和实施细则。

二是建立部市会商机制。北京市分别与国家科技部、工信部、发改委、财政部、卫生部和教育部六部委开展部市会商，共同推进先行先试政策，联合支持战略性新兴产业重大项目。在各部门的支持下，北京市单位承接重大专项约占全国的50%，中央经费支持约110亿元。

三是联合开展中关村现代服务业试点。中央财政3年投入15亿元专项资金支持试点，北京市政府按同比例配套资金，大力培育信息服务业、电子商务和现代物流业、科技服务业、节能环保服务业发展，为全国加快发展现代服务业积累经验。

四是统筹资金支持重大科技成果产业化项目。"十二五"期间，北京市每年安排100亿元统筹资金，支持国家科技重大专项配套项目、重大科技基础设施建设和重大科技成果产业化项目。

（二）6项"先行先试"政策扎实推进

科技成果处置权和收益权试点。截至2012年底，中央和地方高校院所技术转让（科技成果处置）项目累计481项，转让收入约12.43亿元。

税收政策改革试点。截至2012年底，已有1491家企业享受研究开发费用加计扣除、职工教育经费税前扣除税收政策，较2011年增加568家，享受所得税优惠累计新增超过2.2亿元。

股权激励试点。2012年1月至10月，新批复13家国有企业和事业单位的股权和分红激励试点方案，其中市属单位6家、中央单位7家。截至2012年底，示范区共有494家单位实施了股权和分红激励，包括市属国有企业和事业单位81家，中央企业和中央级事业单位42家。

科研项目经费管理改革试点。截至2012年底，共有2151项科技计划项目、统筹项目和部市会商项目纳入试点，较2011年增加913个，其中间接费用政策已成为北京市科技项目经费的一种常态化管理制度。

高新技术企业认定试点。截至2012年底，全市国家高新技术企业总数达到8000家，占全国总数的近20%；示范区有效高新技术企业数量达到6280家，占北京市有效国家高新企业数的78.5%。

建设全国性场外交易市场试点。2012年8月，"新三板"首次扩容，挂牌企业数量、总股本和募资额均快速增长。2012年，中关村新增挂牌企业80家，融资额连续两年翻番。2012年，中关村挂牌企业总股本48.7亿元，比2011年增长49.5%。

（三）政策创新探索新进展

为了进一步促进科技与经济相结合、加速科技成果转化、支持文化领域科技企业和中小微科技企业发展，北京市会同国家有关部门，共同提出了四条新的政策研究建议。一是在中关村率先研究制定文化产业支撑技术领域的具体范围，开展文化领域高新技术企业认定工作。二是在中关村注册并投资中小微科技企业的法人制创业投资企业和有限合伙制创业投资企业的法人合伙人，均可以享受创业投资企业的税收优惠政策。三是高校院所和企业用科技成果作价投资的评估增值部分，凡增加国家资本金或纳入财政预算管理的，可不计入当期应纳税所得额计算缴纳企业所得税；未能增加国家资本金或纳入财政预算管理的，可分期计入应纳税所得额计算缴纳企业所得税。四是对入选"千人计划"和北京"海聚工程"的外籍高层次人才出资创办的科技企业，其所从事的技术行业领域，经批准后可参照内资企业管理。

除了上述 4 条政策创新建议外，中关村目前正在研究探索并推动在科技、经济、社会等多领域的协同改革创新，改革创新内容涉及外汇管理、海关监管、人才引进制度以及税务、财政、政府采购等多个方面。

三、中关村协同创新体系建设新进展

2012 年，中关村不断完善协同创新服务体系，形成了目前"政产学研用资介"协同创新格局。

（一）企业创新主体地位不断增强

专利工作取得积极成效。示范区围绕实施中关村专利促进资金办法、扶持"零"专利申请企业、推进知识产权运用、推动知识产权投融资试点等方面积极开展工作，企业专利结构得到持续优化，质量得到不断提升。

商标战略成效突出。2012 年，示范区制定《中关村国家商标战略实施示范区建设工作指导意见》《中关村国家自主创新示范区商标促进专项资金管理办法》等商标促进政策，同时成立中关村商标服务中心，全力推动商标品牌建设，成为国家工商总局首批认定的国家商标战略实施示范区。

标准创新试点工作稳步推进。2012 年，示范区深入落实《首都标准化战略纲要》，通过进一步扩大试点企业规模，启动产业联盟和专业园试点，开展标准创新试点顶层设计，加大对重点企业和重点产业技术标准创制的资金支持力度等一系列工作，取得了较好的成效。

"十百千工程""瞪羚计划"企业创新能力突出。2012 年，示范区一批"十百千工程"企业在市场拓展、关键技术突破等方面取得重要进展；"瞪羚计划"企业创新能力表现突出，2012 年重点瞪羚企业总收入中近 20% 来自技术收入，企业创新投入强度为 5.8%。

（二）产学研协同创新取得重要进展

开展产学研结合促进活动。2012 年，示范区继续深入开展 6 种模式的产学研对接活动，组织了双走进促进、分领域对接、牵线搭桥当红娘、创新成果发布、政策宣贯等活动，并通过走访调研、接待来访企业和实验室等形式促进产学研结合。

授牌第七批开放实验室。2012 年，共有 25 家实验室成为第七批中关村开放实验室，开放实验室总量达到 134 家。挂牌的实验室覆盖了示范区重点发展的产业领域。

支持产业技术研究院项目建设。2012 年，示范区支持 14 所高校联合建设中关村科

学城产业技术研究院项目，搭建了研究成果产业化的绿色通道，制定了《中关村国家自主创新示范区产业技术研究院支持资金管理办法》，有效地推进了校际、校企间协同创新。

（三）创新型服务组织建设成效显著

产业联盟蓬勃发展。产业联盟数量从 2002 年的 2 个增加到 2012 年的 76 个，成员单位数量从 46 家发展到 5320 家。同时，示范区产业联盟辐射力和影响力不断增强。

创新型孵化器服务能力不断加强。截至 2012 年底，中关村拥有各类创业孵化机构 100 余家，孵化总面积超过 320 万平方米，累计入驻企业超过 12000 家，累计毕业企业超过 7000 家。

行业协会发挥重要作用。2012 年，示范区充分发挥中关村协会组织在专业领域中企业、人才、信息等方面优势，以聚集创新创业要素为主线，根据示范区企业的共性需求，协同开展品牌性活动，两万余家企业参加活动。

四、中关村自主创新的新特点与新趋势

近年来，中关村创新呈现出高端化、融合化、平台化等特征，商业模式也不断创新，跨区域创新协作也逐步深入。

（一）标准引领中关村高端化创新

企业标准化意识明显提升，逐步形成标准化活跃区。通过中关村国家标准化示范区建设和中关村国家标准创新试点工作的开展，更多的中关村企业开始参与标准化活动。2012 年中关村第二批标准创新试点单位总数达 225 家，比第一批试点单位多 72 家。截至 2012 年底，中关村企业承担国际标准化技术委员会秘书处 5 个，国内标准化技术委员会秘书处 39 个，国际标委会任职 5 人，国内标委会任职 10 人。

标准引领产业发展作用初显，产业联盟成为标准制定和推广应用的主力军。中关村一批优秀企业和产业联盟凭借自主、先进的核心技术深度参与各行业国际标准的制定和推广实施，增强了中关村在国际标准制定中的话语权。如大唐集团联合 TD 联盟主导的 TD-LTE 标准，辐射带动近 60 家国内外企业参与技术研制；由闪联发起并主导制定的 IGRS 标准，正应用在联想等国内智能电视领域，联盟成员达 177 家。

积极拓展与国际标准组织的交流与合作，技术标准国际化道路逐步深化。中关村积极引导企业和产业联盟与国际标准组织建立联系，为加快推进中关村国际标准化工作创造有利条件。中关村企业在一些优势领域逐步掌握了标准话语权，泛在绿色社区

网络协议成为 IEEE 三大绿色标准之一；McWiLL 技术标准由 ITU 发布，成为宽带接入国际标准之一等。

（二）产业链融合创新展示强劲活力

以联盟协作推动全产业链发展。以节能环保领域为例，近年来中关村对园区内大专院校、科研机构和企业等各种创新资源进行集成、协作和配套，成立了中关村国际环保产业促进中心。之后，又成立了资源节约与能源管理服务产业联盟组织，围绕环保能源方面的一些关键技术组织科研机构、科技企业和应用单位开展联合攻关，通过核心能力优势互补达到"强强联合"并以最低的柔性成本对外部需求作出敏捷反应，有效地促进了技术、资本、市场的充分结合，促进了产业链上下游全面发展。

产业链延伸与参股合营突破区域限制。以碧水源公司为例，碧水源在重点发展膜组器和开拓 MBR 工艺市场的基础上，积极布局上游的膜材料供给及下游的污水处理运营，逐渐延长产业链。同时，碧水源准确把握水资源在我国的特殊性，采取和各地政府参股成立水务联营、合营企业的商业模式，推动公司膜技术进入多个地区的水务市场，不断扩大企业规模与知名度。

（三）各类商业模式创新日益活跃

2012 年，中关村积极发挥商业模式创新引领企业创新和创业的作用，各类商业模式创新日益活跃。

1. 中搜网络搭建"众包社区"颠覆传统模式

中搜第三代搜索平台颠覆了传统搜索引擎模式和概念，创造了搜索引擎平台新的商业模式——"众包社区"平台。普通用户和合作机构可通过"众包社区"平台注册，参与搜索结果构建，分享人工智慧和专业知识。同时，合作机构、投资客户也可以购买具有升值空间和潜力的热词，从搜索平台的广告收益中获得分成与升值回报。

2. 小米创新模式造就高性价比卖点

小米手机的成功缘于其独特的商业模式创新，缘于"零库存供应链＋电子商务＋零费用营销"练就的最优性价比卖点。这种商业模式成功的关键有三：一是小米手机用户通过交互式平台自定义手机，并通过网络下单，产生市场需求；小米手机则通过供应链采购零部件，实现零库存，按需定制。二是小米电商系统注重对用户需求的把握，发烧友可以通过 MIUI 论坛跟踪小米手机的开发过程，提出对产品的修改意见，确认正确的意见会被小米开发团队采纳，渠道成本得以降低。三是基于社会化媒体的"零费用营销"，小米充分利用了互联网口碑营销的优势，不断利用各种事件使其得到持续关注，将销售成本压到最低。

3. 车库咖啡打造草根创业孵化新模式

与创新工场、中关村孵化器等孵化机构不同，草根创业孵化器——"车库咖啡"的定位更加靠前，对尚未成型的项目也不拒绝。车库咖啡给广大普通创业者搭建了一个大展身手的舞台，不仅提供免费的办公环境，还可以接触早期投资机构，可谓小平台托起大创意。截至2012年底，车库咖啡已有15个团队拿到100万元以上的项目，包括创新工场等众多机构也到此淘项目。2012年底，中关村管委会已授予其"创新型孵化器"牌匾，并为进出车库咖啡的初创型企业开辟一条注册绿色通道。

4. 拉卡拉领跑移动支付终端

拉卡拉专注个人移动支付业务，创新性地推出了手机刷卡器、针对小微商户与大中型连锁商超的系列POS产品和服务等，成为国内便民金融服务的开创者和领军者。除此以外，拉卡拉的优势还在于强大的平台上衍生的多种多样的支付内容，通过与银行形成分工合作，弥补了金融服务链条上的断点，找到其在产业链上的位置和盈利点，并进一步强化了自身市场占有率。

5. 大唐电信叩响"智慧旅游"门

2012年大唐电信成功中标贵州荔波"世界自然遗产地规划建设展示中心城市发展信息展厅"的建设工程。大唐电信凭借自身产业链优势和雄厚的技术能力，将为荔波县量身打造高水平的"智慧旅游"整体建设方案，提供从理念塑造、蓝图描绘、整体设计，到方案执行、应用实施、咨询监理的全程服务，帮助荔波县建设国内"智慧旅游"典范城市。这标志着大唐电信整体解决方案推介工作迈上了一个新的台阶，并成功开启了"智慧旅游"整体解决方案商用新纪元。

6. 高德开启"门户＋社交＋地图位置服务"新模式

高德地图用诸多创新功能生动诠释了移动地图社交的内涵，开启了一个全新的"地图2.0"时代。2012年，高德与新浪联手打造的"地图社交平台"，让用户可以浏览、查找以位置信息为中心的微博文字、图片等内容，还能与好友进行分享、互动。对高德而言，作为生活服务入口的地图一旦产生用户黏性，流量积累到一定程度，商户就会认同这个入口的价值，就可能在平台上做广告或进行流量分成，这也将成为高德商业模式创新的重要方向。

（四）新型平台式协同创新开始兴起

云服务平台成为产业发展助推器。 近年来，百度的云计算服务中心、用友的企业云服务平台、中科讯飞的语音云服务平台等首批九大云服务平台相继建成。这九大云服务平台涵盖了超级计算、软件研发、企业管理、办公、存储服务等各个层面，可以为中关村示范区企业乃至全国的中小企业提供全方位的服务。如网通宽带建设的中关村软件园云服务平台可提供 500 台虚拟机，软件园中小软件企业提供虚拟机租赁、云存储租赁、数据通信、主机托管等公共云服务，未来可为北京市 6000 多家软件企业和全国的软件企业提供云服务。

网络虚拟孵化器成为孵化器发展的新趋势。由于物理孵化器所占的面积相对较大，虚拟孵化器正成为未来孵化器发展的一个重要方向和趋势。虚拟孵化器就是通过现代信息交流手段，以互联网为平台，在物理孵化器的基础上，进一步拓展创业孵育的功能，促进创业企业的发展、壮大。中关村示范区的一些园区、企业正积极探索这一新型组织形式，如中关村软件园采用"虚拟孵化"的模式，在外地建立分园；赛尔网络提出依托下一代互联网，以网络推动创新，建立虚拟孵化器；车库咖啡推出其第二项服务产品——虚拟孵化服务，企业无须到车库办公，只需缴纳小额服务费就能获得车库咖啡提供的从开户到服务器宽带等一系列创业服务。

（五）跨区域创新协作逐步深入

创业服务机构与中介机构多方式参与区域合作，促进创新资源跨区域流动。一批在中关村管委会支持下成立的协会与联盟积极开展区域合作，如中关村企业发起或主导的近 90 家产业联盟中，有 1/3 以上吸纳了京外地区成员，形成了以联盟为依托的开放式跨区域产学研创新合作模式。此外，中关村的投融资、人才、法律、会计、咨询等各类中介服务机构充分发挥自身优势，在全国范围内拓展服务市场，开展不同形式的区域合作。

跨区域资源整合能力不断增强。2012 年，示范区企业并购京外企业的案例 44 起，占全部并购案例数的 46.3%，主要分布在上海、四川等省市。比如梅泰诺通过收购浙江金之路信息科技有限公司 100% 的股权，拓展其基站工程及代维业务，完善在通信服务领域的产业链条；吉艾科技收购山东荣兴石油工程有限公司，在发展生产石油测井仪器与测井技术服务现有业务的基础上，新增了套管井测井，射孔等主营专业板块，完善其产业链，加强勘探开发技术的综合工程服务能力。

中关村示范区2013年
创业发展报告

目　录

一、中关村创业发展综述 ·························· 99

　　（一）互联网与传统产业结合的领域创业分外活跃 ············· 99

　　（二）在生物技术、先进制造、新能源等领域已形成一批前沿技术项目 ····· 100

　　（三）大企业骨干离职创业成为主力军，30岁以下青年创业者不断增加 ····· 101

　　（四）创新型孵化器以模式创新带动孵化器整体转型发展 ········· 102

　　（五）良性循环发展的中关村创业生态系统初步形成 ··········· 102

二、中关村创业企业 ························· 103

　　（一）中关村创业活力不断增强 ················· 103

　　（二）电子信息和生物医药成为最突出的创业领域 ·········· 104

　　（三）创业企业总收入和人均总收入持续增长 ············ 106

　　（四）创业企业内部科技活动经费支出下降但创新产出稳中有增 ······ 107

　　（五）创业企业空间分布更加广泛 ················ 109

三、中关村创业者 ························· 110

　　（一）持续创业者和大企业骨干离职创业者成为主力军 ········ 110

　　（二）创业者年龄年轻化 ···················· 113

　　（三）创业者学历层次不断拓宽 ················· 114

四、中关村创业服务平台 ······················ 114

　　（一）创新型孵化器发展带动中关村孵化器服务能力提升 ······· 114

　　（二）运营模式从物业经营向增值服务转变 ············· 116

（三）创业服务向专业化发展 ……………………………………………………… 117

五、中关村创业环境………………………………………………………………… 118

一、中关村创业发展综述

(一)互联网与传统产业结合的领域创业分外活跃

2012 年新一代计算技术和移动互联网对传统产业的影响更加深远,云计算、大数据、可穿戴计算设备、O2O 领域的创业分外活跃,深刻地改变着传统生产与服务流程、生活与消费方式。

互联网与金融结合,移动支付、P2P、众筹融资、金融网销等互联网金融服务领域的创业活动同比增长 3 倍以上。中关村企业共获得了 53 张第三方支付牌照,拉卡拉、易宝支付等占全国移动支付市场份额超过 10%;人人贷、宜信等 P2P 企业 2012 年促成借贷交易总额超过 100 亿元;众筹融资平台天使汇 2 年内帮助 70 多个创业项目融资超过 2 亿元。2013 年初,京东、拉卡拉、天使汇、融360、人人贷等 33 家机构发起成立了中关村互联网金融行业协会,将通过行业自律推进中关村互联网金融新业态持续健康发展。

互联网与生活消费结合,形成垂直电商、在线餐饮、在线教育、在线旅游等创业热点领域。垂直电商"鲜码头""美团网",O2O 餐饮"雕爷牛腩""黄太吉煎饼",在线教育"多贝网""英语流利说",在线旅游"途家网"、租车应用"易到用车"等创业企业,以互联网思维改造传统服务流程和客户体验方式,在带来生活便利的同时,深刻影响着生活与消费方式。

互联网与制造业结合,推动可穿戴计算设备等智能制造产业的创新创业如火如荼。中关村智能设备领域的创业者从 2012 年初的几家企业、10 余款产品,发展为 2013 年的几十家企业、上百种产品。无论是百度眼镜、新浪智能空调、小米智能电视、顺丰无人机等大企业的创业活动,还是蓝牙电子秤、康康血压、快乐妈咪胎语仪、宝宝树智能手表、魔豆项链、幻腾智能家居等创业企业产品,以及人体阿凡达、雨伞鸟、水果钢琴、光面机等创意产品,推动硬件产业链的变革,催生出个性化批量制造、按需付费获取设备等新生产组织模式。

云计算与大数据领域的创业活动正在向 ICT 以外的传统产业和公共服务领域渗透,两者结合将带动国产云操作系统、云安全系统、芯片、服务器、存储、网络设备等数百亿国家战略产业的发展。"超云服务器"3 年内树立了自有品牌"超云 Super Cloud"，奠定了中国云计算基础设施的领航者地位；"天云大数据"率先在 Hadoop 平台实现银行全量数据治理，日新增 300 亿记录的单体数据库、秒级流数据平台等，被硅谷 GigaOM 大数据先锋评论冠以改变中国云计算最有影响的企业；"美通云动"旨在解决网页在不同移动设备屏幕上的适配问题，在 6 个月内实现了人员 10 倍增长、业务百倍增长，被全球知名科技媒体 Red Herring 评为亚洲创新百强企业；"数岩科技"基于全球领先的数字岩石分析技术，与中国石油大学共建国家重点实验室，为中石油、中石化、中国海洋石油等国内外大型石油天然气企业提供数据分析服务；"黔龙泰达""德中天地""丰华联合"3 家创业企业，整合无人机、GIS 智能影像分析、海量数据无损耗高质量压缩等关键技术，形成一个集海量数据采集、传输及评价处理为一体的面向公共安全低空智能应急移动监控系统。

（二）在生物技术、先进制造、新能源等领域已形成一批前沿技术项目

除与电子信息结合的领域，中关村在生物医药、先进制造、新能源等新兴产业领域，已形成一批前沿技术项目，成为我国新兴产业发展的源头与根基。在生物医药领域，生物制药、基因检测和相关医疗设备是继电子信息之后中关村增长最快的创业领域。95% 以上的中关村生物医药领域创业者具有 10 年以上的海外科研和工作经验，自主研发了一批具有里程碑意义的核心技术，包括国际首创的基于 B 细胞全人源抗体的亲和力提高、高通量筛选平台技术，基于 miRNA/lncRNA 生物活性的新型疾病生物标志物发现和药物筛选平台技术，新型免疫耐受诱导药物 immutol，建立针对中国人群的癌种分子分型数据库等。

在先进制造领域，在激光快速成型、集成电路设计等细分领域涌现出一批前沿技术项目。在激光快速成型方面，北航产学研团队与"中航天地"共同研制的"大型复杂关键钛合金构件激光快速成型技术（RP）"[①]，率先突破大型复杂关键钛合金构件激光直接制造工艺等关键技术难题，首次实现在型号飞机上的装机工程应用，使我国成为迄今世界上唯一掌握该技术并实现工程应用的国家。"太尔时代"自主研制的 Up! 桌面消费型 3D 打印机，全球市场占有率近 10%，2012 年底被美国《MAKE》杂志评为全球消费型 3D 打印机综合性能排名冠军。在集成电路方面，原生 PCIe 固态存储技术、

---

①快速成型技术（Rapid prototyping, RP）是一种快速生成模型或者零件的制造技术。在计算机控制与管理下，依靠已有的 CAD（计算机辅助设计，omputer Aided Design，）数据，采用材料精确堆积的方式，即由点堆积成面，由面堆积成三维，最终生成实体。依靠此技术可以生成非常复杂的实体，而且成型的过程中无须模具的辅助。

支持国家自主创新标准的超高频 RFID 标签芯片、高速高性能模拟数字转换器（ADC）和模拟前端（AFE）集成电路产品、新一代北斗 GNSS 多模卫星导航 SoC 芯片，在产品性能上达到，在一些关键技术指标上超过国际先进水平。

在新能源与节能环保领域，在工业节能方面，爱社科技首创压缩空气节能技术体系，研发了螺杆机分钟级用气预测和离心机小时级用气预测技术，研制了具有自主知识产权的空压机群节能专家控制系统软硬件、泄漏及管道流量检测装置、新型节气装置及大流量高效增压设备，解决了泄漏检测及非介入式流量测量、空压机供气与用气不匹配、泄漏检测及非介入式流量测量、高耗气高压末端设备等世界性难题，获得 2012 年度机械工业行业技术进步一等奖。在储能方面，"海博思创""氢璞创能"首创具备完全自主知识产权、垂直一体化的大容量锂电池管理系统和微电网储能管理系统、高效甲醇燃料电池微型发电站技术等，参与国家标准的技术评审，得到用户与合作伙伴的认可与好评。

（三）大企业骨干离职创业成为主力军，30岁以下青年创业者不断增加

大企业管理人员和技术骨干离职创业者在创业群体中占主导地位，并且拥有相对较高的成功率。受益于中关村日益优化的创业环境和技术革新加快带来的大量机遇，大中型企业管理人员和技术骨干离职创业者越来越多。问卷调研显示，大企业骨干离职创业者占创业者群体比例约为 50%，是最主要的创业群体。并且由于他们具有广阔的人脉资源、产业资源和行业经验，更容易获得外部支持，获得风险投资或被并购的可能性更高。一些大企业离职的管理人员和技术骨干已经在中关村形成了若干创业社区，"百度系""搜狐系"等共同体系内的创业成员彼此间存在信息支撑、商务合作、精神共享等，这种难以复制的创业文化正是中关村创业生态的独特优势。

中关村创业者群体不断年轻化，30 岁以下的青年创业者群体受到高度关注。2012 年中关村创业者年龄结构总体呈现年轻化趋势，中关村创业者平均年龄为 39 岁，40% 的创业者年龄处于 35 岁至 44 岁之间，45 岁以上创业者减少了 2 个百分点，34 岁以下的创业者增加了 2 个百分点。30 岁以下创业者占中关村创业者比重的 18%，主要集中在电子信息和新兴服务业领域。在《福布斯》中文版 2013 年颁布的"中国 30 位 30 岁以下创业者"评选中，中关村创业者占 34%，居各地区首位。其中，PEAK LAB 的季逸超获得 2011 Macworld Award 特等奖，聚美优品的陈欧在央视财经频道和湖南卫视、36 氪的刘成城在《新闻联播》头条被报道，得到社会各界的普遍关注。

各大高校院所开始加大对创业的支持力度，将创业教育与创业孵化相结合，带动人才培养方式和成果转化方式转变。2012 年中关村地区大学生创业更加活跃，多所高

校将创业教育与创业孵化相结合，搭建综合性的大学生创业服务平台，如清华 X-LAB、北邮创业坊，在激发学生创新创业精神和创业素质的同时，通过开设大学生创业课程、提供创业辅导、引进天使投资等方式，扶持优秀大学生创业项目。

（四）创新型孵化器以模式创新带动孵化器整体转型发展

在创新型孵化器模式创新的启发下，中关村孵化器整体加速转型发展。孵化器管理团队能力提升。在孵化器管理团队中，曾任职知名企业和曾创办过企业的管理者，从 18% 提高到 24%[①]。孵化器投资服务能力大幅提升。2012 年中关村大学科技园和科技企业孵化器迅速扩大孵化基金规模，从 2011 年的 1.37 亿元上升到 2012 年的 2.22 亿元，增速为 62%。孵化服务向早期阶段拓展。海淀园创业服务中心积极筹备"零成本创业谷"，丰台园创业服务中心打造"早期项目孵化中心"，厚德创新谷和瀚海在硅谷设立孵化器，通过与社会机构和海外资源合作，为优质早期创业团队提供免费物理空间、创业导师、市场拓展等服务，让创业者获得零成本和全方位的创业服务。2010—2012 年，中关村孵化器整体服务性收入比重持续上升，从 2010 年的 25% 上升到 2011 年的 28%，再上升到 2012 年的 44%。

（五）良性循环发展的中关村创业生态系统初步形成

在中关村良好的创业文化与制度环境下，形成了一批连接创业者和各类创业资源的要素，既有虚拟网络又有物理维度的多样化的创业服务平台。有以车库咖啡为代表的最活跃的线下创业社交与服务平台；以 36 氪为代表的全国最大的线上创业服务平台；以天使汇为代表的全国最大的天使合投平台；以创客空间为代表的亚太地区最大的软硬件结合的创业服务平台；以清华 X-Lab 为代表的跨院系的大学创意创新创业实践平台；以亚杰商会、联想之星为代表的领军企业家创业辅导平台；以汇龙森、上地生物医药孵化器、博奥联创等为代表的公共研发设备加天使投资的专业孵化器；以云基地为代表的产业链孵化平台；以微软云加速器为代表的国际资源整合的创业服务平台；以百度、小米、360 等为代表的大公司第三方应用开发者平台。这些创业服务平台推动系统内资源优化配置、群体相互作用、要素有序流动，形成创业者群体之间、创业者与创业资源要素之间相互依存、循环演进的创业生态系统，赋予中关村以持续创新活力，成为新一轮经济增长的原动力。

[①] 样本为中关村经调研的 56 家科技企业孵化器和大学科技园。

二、中关村创业企业

(一) 中关村创业活力不断增强

中关村早期创业逆势增长。 在国内外经济下行风险加大的情况下,中关村的创业活动延续2011年活跃的态势持续增长,2012年中关村当年新创办企业数达到4800家[①],达到金融危机后历史最高值。

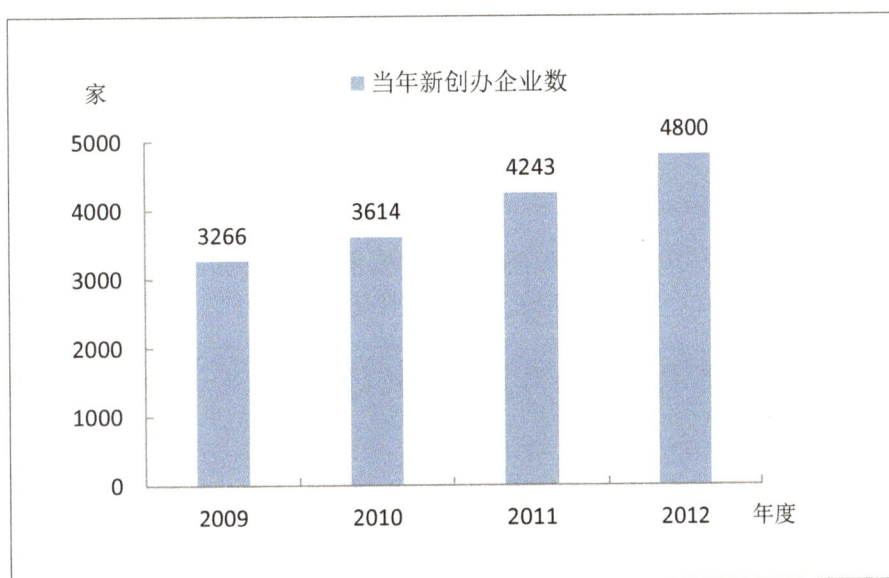

图4-1 2009—2012年中关村当年新创办企业数量数据图

近一半技术领域创业活跃度上升。 2012年各技术领域新创办企业数占创业企业总数比例整体上延续了2011年的上升趋势。其中,电子信息、生物医药、新材料、新能源与高效节能四大领域的创业活跃度持续上升,并且幅度较大;先进制造领域创业活跃度也呈上升趋势,但是幅度较小;环保技术领域创业活动呈弱化趋势。

[①]数据来自工商局提供的当年新创办企业数据。

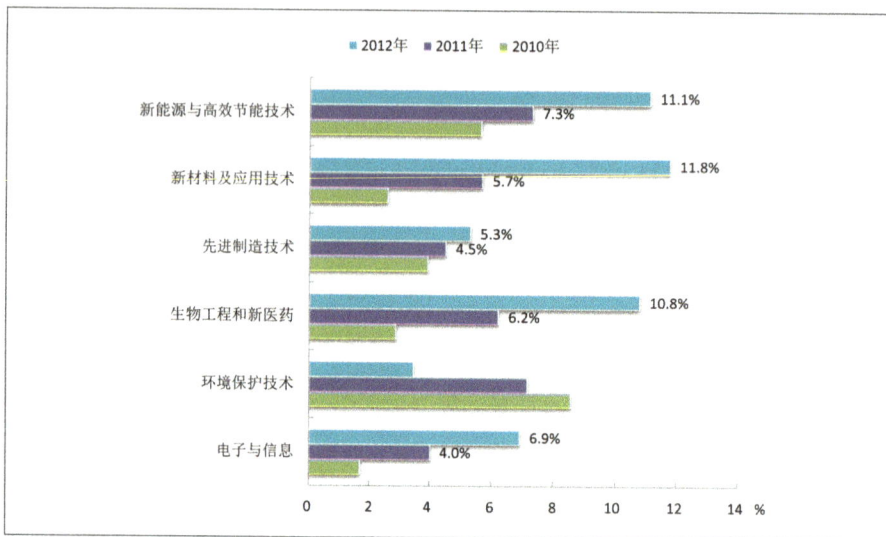

**图 4－2　2010—2012年中关村主要技术领域新创办企业数占
本领域创业企业总数比重数据图**

（二）电子信息和生物医药成为最突出的创业领域

电子信息、新能源与高效节能、先进制造、生物医药是 2012 年中关村最主要的创业领域。其中，电子信息领域主导地位进一步稳固，新能源与高效节能取代先进制造上升到第二位，先进制造领域收入占比下降，暂居第三，生物医药领域实现突破性增长，居第四位。

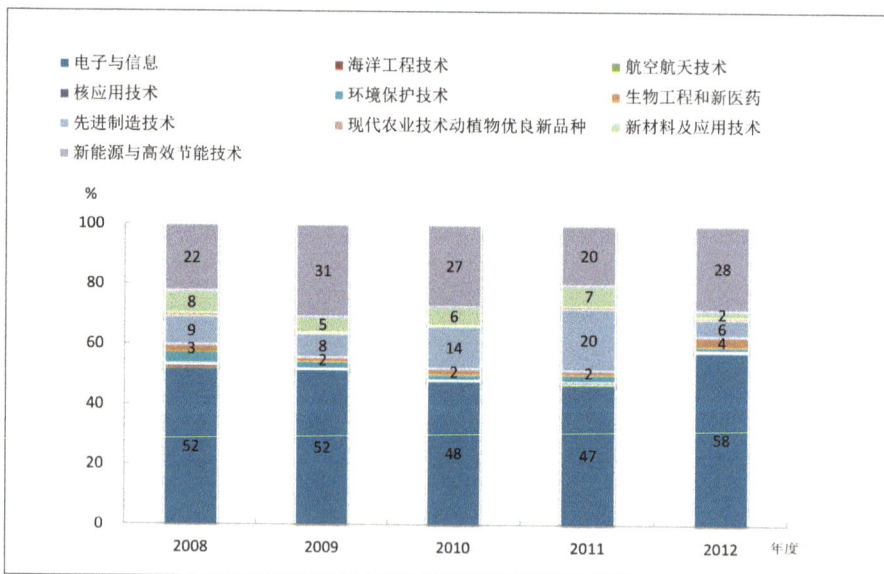

图 4－3　2008—2012年中关村创业企业收入的技术领域构成数据图

　　电子信息领域创业活动再创新高，通信设备与软件两个二级领域占比超过60%。2012 年中关村电子信息领域增速明显快于其他领域，创业企业收入比重较 2011 年大幅提升 11 个百分点，达到近 5 年最高值 58%。从二级领域来看，通信设备和计算机软件占比超过 60%。2012 年通信设备领域总收入超过 200 亿元，占电子信息领域比重从 2011 年的 23% 大幅上升 11 个百分点，达到 34%，位居电子信息二级领域首位。近 5 年中关村计算机软件领域占电子信息创业企业总收入比重始终超过 20%，2012 年达到 28%，是创业企业非常重要的集聚领域，也是全国软件领域创业集聚地，吸引了全国 40% 以上移动互联网领域的风投。在美国硅谷，软件领域吸引了全国 38% 的风险投资，与中关村软件领域创业热潮遥相呼应。

　　新能源领域降速放缓，高效节能与环保领域持续缩水。新能源与高效节能领域 2012 年创业企业总收入比重较 2011 年上升 8 个百分点，达到 28%，接近 2010 年水平。新能源与节能环保服务是第一大二级领域，占比从 41% 上升到 81%，增长近 1 倍，重点服务是勘察设计、辅助活动和营销；新能源、高效节能与环保 3 个子领域，都呈下降趋势。

　　先进制造领域下滑至第三位。2012 年先进制造领域降幅较大，总收入从 238 亿元锐减至 60 亿元，下滑 75%，占创业企业总收入比重从 20% 减少至 6%。主要是由于其他先进制造（二级领域）总收入同比下滑 86%，其中 2007 年注册的上市公司中国中铁 2011 年创造收入 142 亿元，2012 年不再计入创业企业，其他新的行业领军企业尚未形成，导致先进制造技术领域总收入大幅下降。

　　生物医药领域有所壮大，生物技术与产品出现突破性增长。生物医药领域总收入占创业企业总收入比重较 2011 年增长一倍，改变了连续 3 年没有增长的局面，收入比例达到近 5 年来最高值 4%。其中，生物技术与产品二级领域出现突破性增长，2012 年收入是 2011 年的 8.7 倍，占生物工程和新医药领域总收入的比例从 18% 上升到 73%，多项技术水准达到国际先进水平，引领生物工程与新医药领域增长。

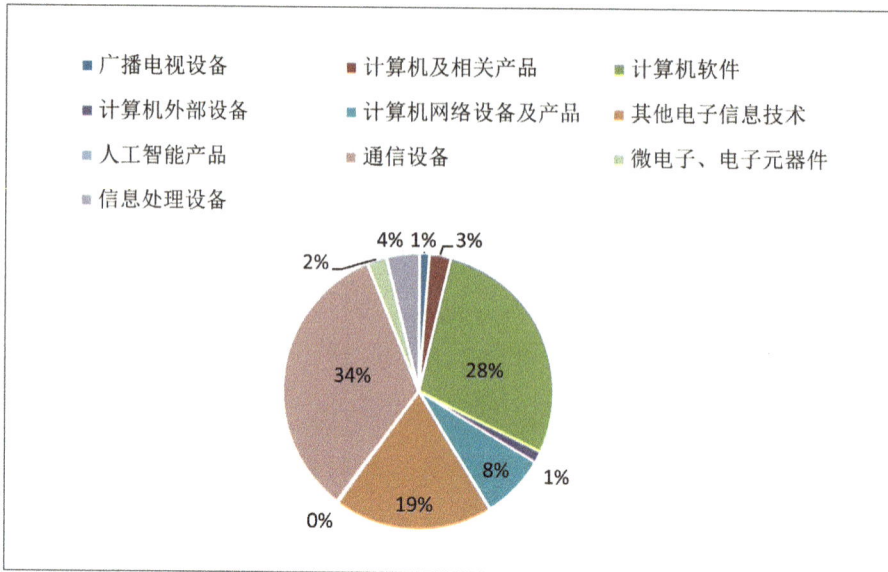

图4-4 2012年电子信息领域创业企业总收入二级领域构成数据图

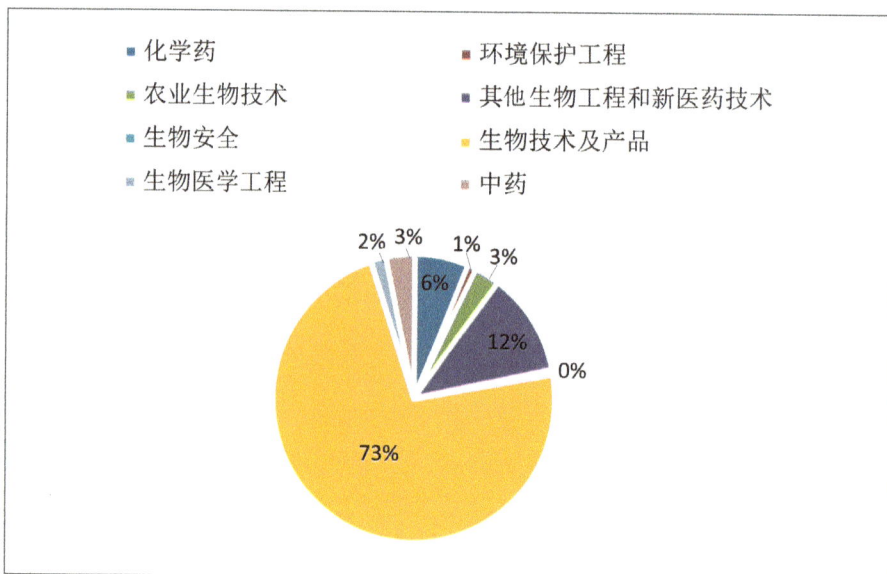

图4-5 2012年生物医药领域创业企业总收入二级领域构成数据图

（三）创业企业总收入和人均总收入持续增长

创业企业总收入和人均总收入持续增长，但低于中关村企业整体增速。2012年中关村创业企业实现总收入1654亿元，比2011年增长8%，但是低于中关村同期27%的总收入增速。创业企业总收入占中关村企业总收入比重下降了1个百分点，为7%；2012年中关村创业企业人均总收入为132万元，比2011年增长3%。中关村科技企业人均总收入为158万元，同比增长11%。

受先进制造和电子信息领域创业企业利润下滑影响，中关村创业企业利润率有所下降。2012 年创业企业利润率为 3%，低于 2011 年的 7.1%，也低于当年 7% 的中关村企业整体水平。在创业企业各大技术领域中，利润下滑幅度最大的是先进制造，利润总额减少 41 亿元，同比下降幅度为 98%。主要是由于上一年该领域出现了内部结构优化带来的利润率飙升，从 2010 年的 3.6% 上升到 2011 年的 17.7%[①]，2007 年注册的上市公司中国中铁 2011 年利润高达 38 亿元，2012 年不再计入创业企业。2012 年先进制造领域利润率恢复到 2011 年以前水平并延续缓慢下滑趋势，降到 1.4%。利润下滑幅度第二位的是电子信息，2012 年利润总额减少 21 亿元，较 2011 年下滑了 58%。

（四）创业企业内部科技活动经费支出下降但创新产出稳中有增

创业企业内部科技活动经费支出下降。2012 年创业企业内部科技活动经费支出总额为 39.64 亿元，比 2011 年减少了 37%。从科技经费投入强度来看，电子信息以及生物工程和新医药技术领域都出现明显下降，科技经费强度最高的电子信息领域同比下降 6 个百分点，但仍以 9.5% 居于首位；生物医药同比下降 5 个百分点；核应用技术领域经费强度保持稳定。

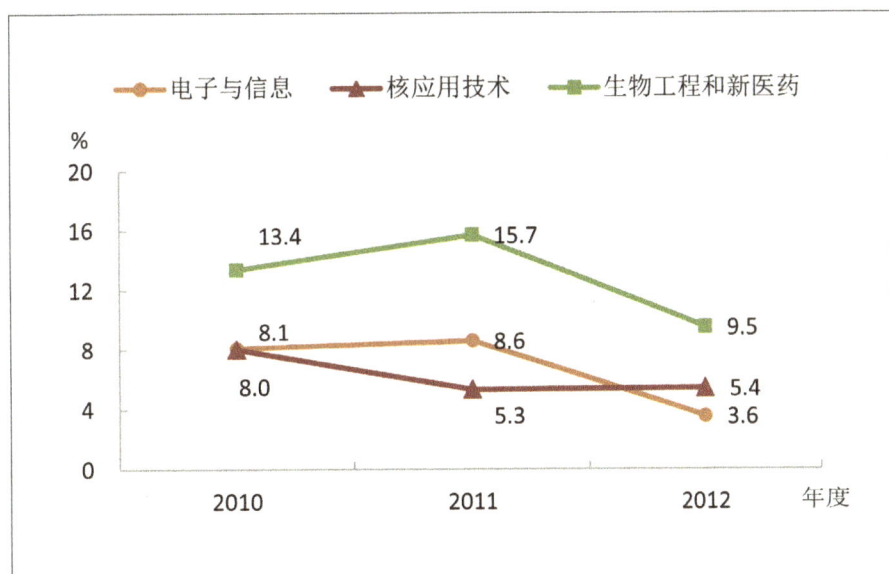

图4-6 2010—2012年科技经费投入强度前三领域数据图

①2011年先进制造领域的构成以其他先进制造技术为主。其他先进制造技术主要包括风电、汽车、铁路、国防等应用领域的大型成套装备及自动化系统，是人均劳动生产率和利润率水平较高的行业。2011年中关村大型成套装备领域的创业企业总收入为206亿元，是2010年的2.3倍，份额从2010年的5%上升到42%；利润率从2010年的6.57%上升到2011年的20.13%；拉动先进制造产业整体效益大幅提升。

图4-7　2008—2012年中关村企业科技经费投入强度数据图

创业企业获专利授权量保持稳定。2012 年中关村创业企业获得专利授权 991 件，略高于 2011 年的 971 件，占中关村所有企业比重的 6.4%，较 2011 年下降 1 个百分点；其中发明专利授权 255 个，比 2011 年下降 23%[1]。创业企业万人专利授权 79 件，与 2011 年基本持平。2013 年硅谷指数显示，硅谷专利注册数量基本保持平稳，2011 年注册为 13520 例，比 2011 年增加 200 例，其中计算机、数据处理信息存储相关专利占 39%。硅谷 2011 年的万人专利注册量为 115[2]。

创业企业获软件著作权数持续上升。2012 年中关村创业企业获得软件著作权 3048 件，同比增长 15%，占中关村所有企业比重为 8%。创业企业万人软件著作权数达到 243 件，同比上升 10%。表明以软件著作权为标志的 IT 技术与传统行业结合日益紧密，对传统行业的持续渗透培育出丰富的新产品和新应用。

---

[1]发明专利由于申请时间较长，有周期性波动的规律。
[2]由硅谷当年专利注册量除以当年雇员人数（residential employment）计算得到。

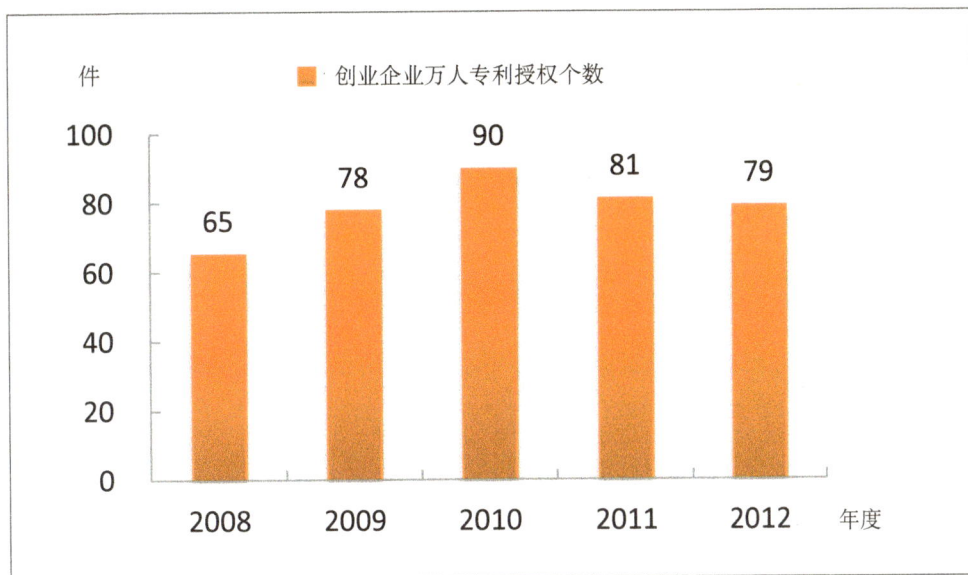

图4-8　2008—2012年中关村创业企业万人专利数据图

图4-9　2008—2012年中关村创业企业万人软件著作权数据图

（五）创业企业空间分布更加广泛

从数量分布看，海淀园集中度下降，创业企业向昌平园和石景山园转移。 2012 年，核心区海淀园仍然是中关村创业企业集中度最高的园区，但是海淀园创业企业数量占中关村创业企业总数比重为 5 年来最低点的 29.9%，较 2011 年下降 13 个百分点，较 2010 年下降 28 个百分点。与此同时，昌平园和石景山园成为除海淀园之外创业企业最集中的园区，并且创业企业数量占比连续 5 年上升，2012 年分别达到 21.6% 和 15.2%。

居于第四位的丰台园近 3 年的创业企业数量占比一直保持在 10% 以上。

从收入分布看，海淀园重回首位，但是与其他园区的差距缩小。2012 年海淀园创业企业总收入占中关村创业企业总收入比重的 29%，居首位。其次是丰台园（24.7%）、石景山园（13.5%）、昌平园（12.8%）、电子城（12.0%）。

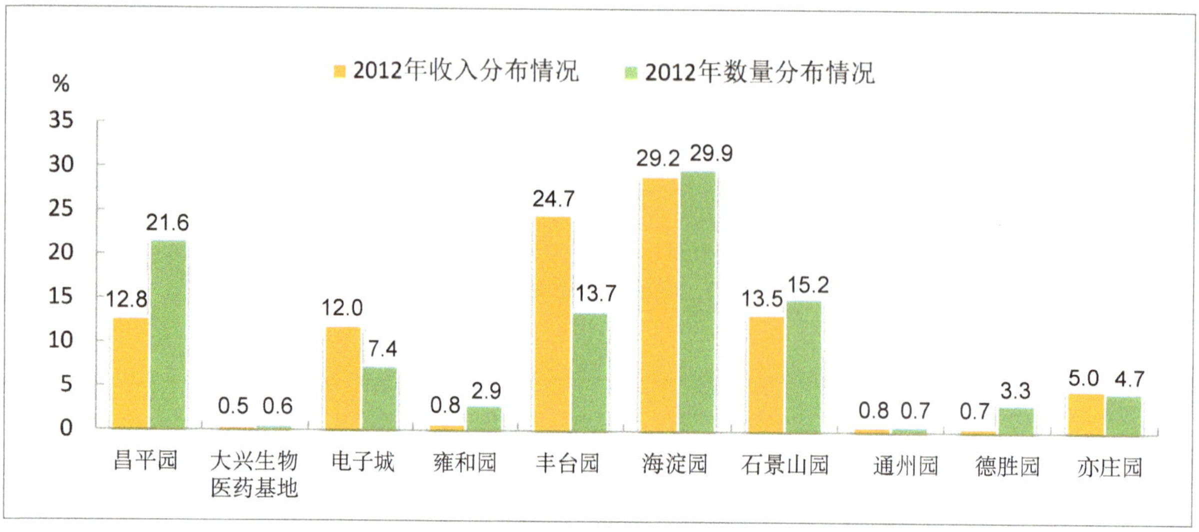

图4-10　2012年中关村各园区创业企业数量及收入分布情况数据图

三、中关村创业者

（一）持续创业者和大企业骨干离职创业者成为主力军

2012 年中关村创业者问卷调研[①]显示，企业管理人员和技术骨干离职创业者占据主导地位，占创业者总数的 47%；其次是连续创业者[②]占 37%，教师及科研人员创业者占 6%，大学生创业者占 10%。

---

①创业者背景部分发放问卷1150份，收到有效问卷1150份。
②由企业骨干离职创业的连续创业者，计入"连续创业者"类，不再计入"企业骨干离职创业"类。

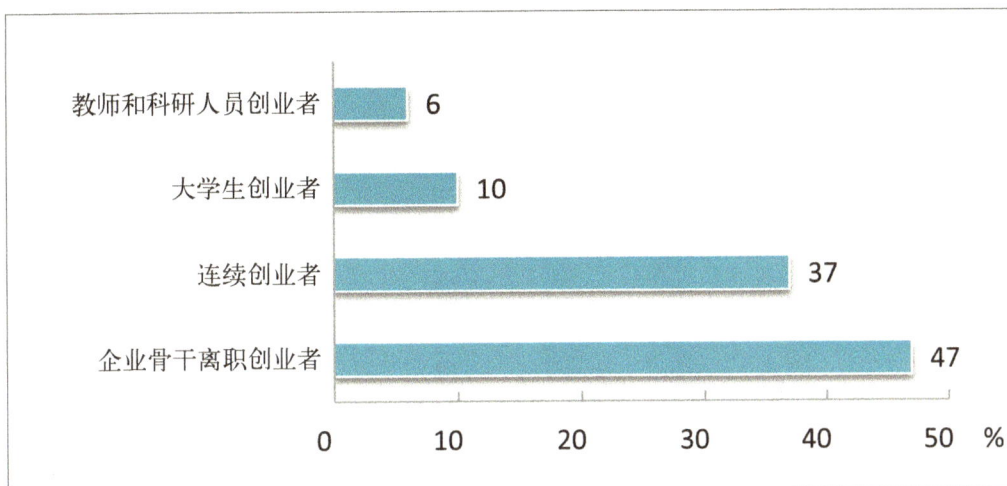

图4-11 2012年中关村创业者背景分布情况数据图

大企业管理人员和技术骨干离职创业[1]成为主力军。随着新技术的发展和对商机的把握,大中型企业管理人员和技术骨干离职创业者越来越多。他们具有广阔的人脉资源、产业资源和行业经验,更容易获得各方面的支持,创业成功率相对较高。在累计融资1000万元以上和被并购企业的创业者中,由企业高管和技术骨干离职创业的人数最多,分别占55%和59%。

连续创业者获得资本市场的高度认可。连续创业者占所有创业者比例的37%,其中创业成功再创业比例为89%,创业失败再创业比例为11%。持续创业者获得融资和被并购的概率更高,约33%的连续创业者能够获得融资或被并购,高出其他背景创业者近10个百分点。

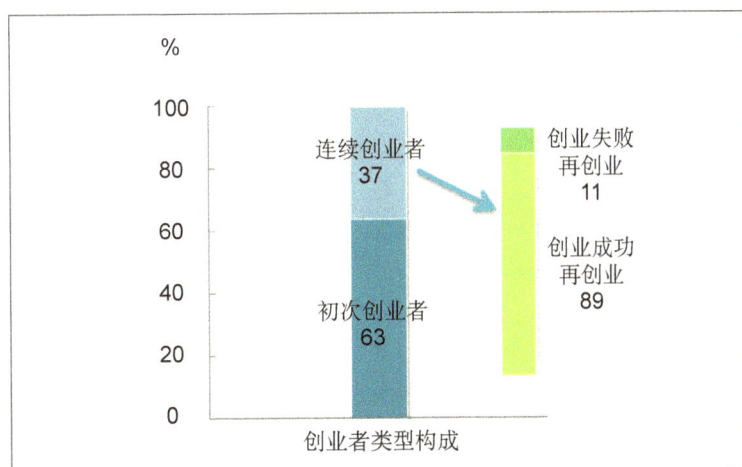

图4-12 2012年中关村创业者类型构成数据图

---

[1]企业管理和技术骨干离职创业者是指在调研问卷中填写的创业前职务为董事长、首席执行官、总裁、部门经理和技术人员。

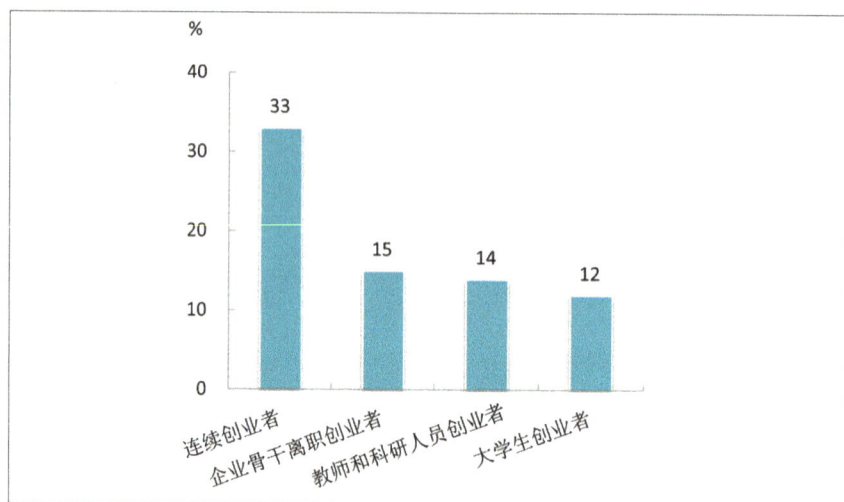

图4-13　不同背景创业者融资和被并购分布情况数据图

大学生创业[①]**更加活跃。**2012年中关村地区大学生创业更加活跃，多所高校将创业教育与创业孵化相结合，制定综合性的大学生创业服务平台，如清华X-LAB、北邮创业坊，通过开设大学生创业课程、提供创业辅导、引进天使投资跟进等方式，激发学生创新创业精神，使学生了解创业中的风险与机遇，做好充分的创业准备，提高学生创业成功率，并对优秀大学生创业项目予以支持。2010—2012年，大学生创业者占中关村创业者总数的比重不断上升，到2012年达到10%。排名前三名的创业最活跃的大学分别是清华大学、北京邮电大学和北京航空航天大学，这3所大学的学生创业团队数量约占中关村学生创业者总数的72%。

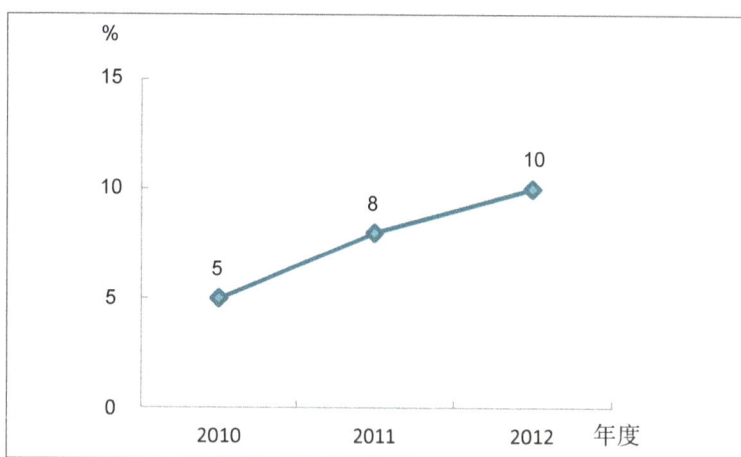

图4-14　大学生创业者占中关村创业者的比例数据图

---

①大学生创业者包括3类：一是创业前本科学历，年龄22岁以下；二是创业前硕士学位，年龄25岁以下；三是创业前博士学位，年龄29岁以下。

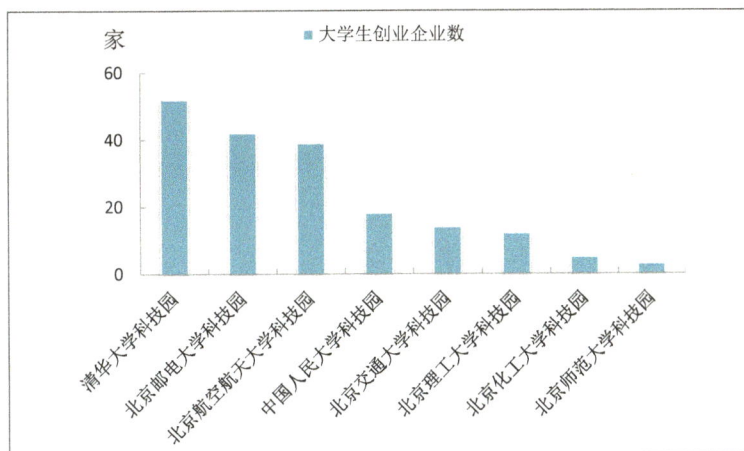

图4-15　北京地区大学生创业活跃的高校排名数据图

（二）创业者年龄年轻化

2012年创业者年龄①结构总体来说与2011年类似，年龄段稍有前移。调研显示，2012年中关村创业者平均年龄为39岁，45岁以上创业者减少了2个百分点，34岁以下的创业者增加了2个百分点，40%的创业者年龄处于35岁—44岁之间，与2011年创业者的年龄结构类似。

电子信息领域创业者延续年轻化趋势。2012年电子信息领域创业者平均年龄略有上升，但仍呈现年轻化趋势。电子信息领域创业者主要以34岁以下人群为主，占47%，与2011年相同；35岁—44岁的占39%，比2011年减少5个百分点；45岁以上的创业者占19%，比2011年上升5个百分点。

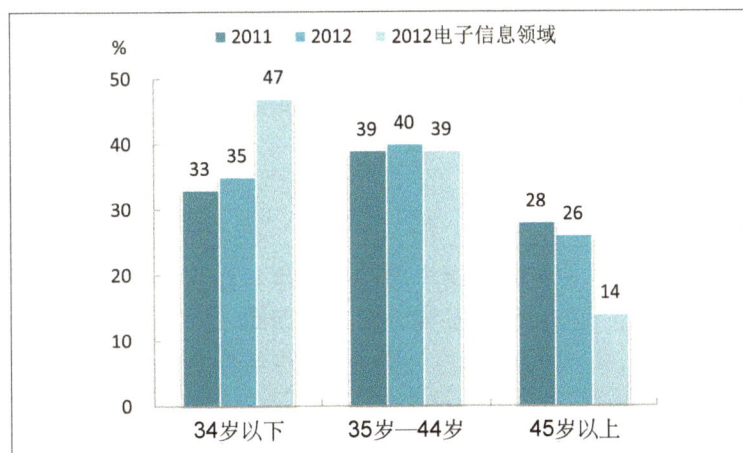

图4-16　中关村创业者年龄构成数据图

①创业者年龄部分调研发放问卷1150份，收到有效问卷1101份。

30 岁以下创业者成为最受关注的创业者群体。30 岁以下创业者占中关村创业者比重的 18%，主要集中在电子信息和服务业领域。其创业绩效接近中关村创业者的平均水平，在《福布斯》中文版 2013 年推出的"中国 30 位 30 岁以下创业者"名单中，中关村创业者占 34%，居各地区首位。PEAK LAB 的季逸超获得 2011 Macworld Award 特等奖，聚美优品的陈欧在央视财经频道和湖南卫视、36 氪的刘成城在《新闻联播》头条被报道，得到社会各界的普遍关注。

（三）创业者学历层次不断拓宽

创业者学历层次不断拓宽。随着中关村创业者基数和创业领域的扩大，创业者的学历层次不断拓宽。研究生学历创业者达到 64%，比 2011 年下降 24 个百分点。其中，博士占 23%，下降 12.1%；硕士占 41%，下降 12%；本科学历创业者由 2011 年的 3% 上升到 29%。

高学历创业者更易获得融资支持。由于中关村具有高技术和高知识型创业特征，在融资方面高学历创业者占据优势。在累计获得融资 1000 万元以上的创业者中，博士占 46%，硕士占 36%，学士占 18%，研究生学历的创业者高达 82%；可以明显看出获得融资的创业企业数量按学历高低依次递减。

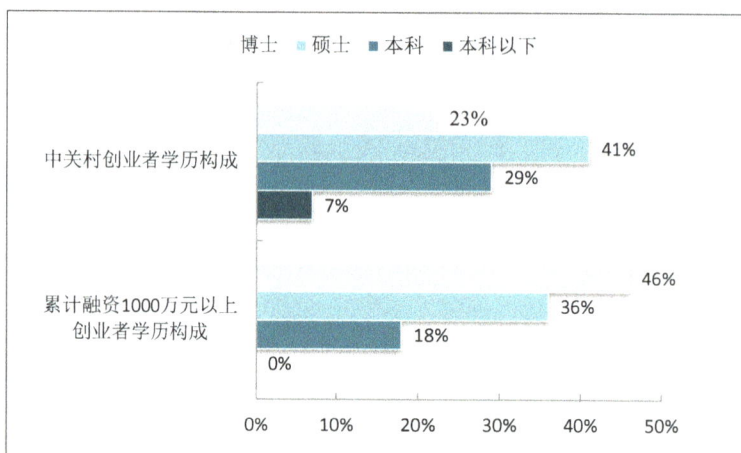

图4-17　中关村创业者学历构成和累计融资千万元以上
创业者学历构成数据图

四、中关村创业服务平台

（一）创新型孵化器发展带动中关村孵化器服务能力提升

管理团队能力提升。创新型孵化器的兴起带动一批富有产业经验和资源人脉的高层次人才加入创业服务行列，推动中关村孵化器整体管理团队结构不断优化。在大学科技园和科技企业孵化器中，管理团队曾任职知名企业的比例从 2011 年的 8.7% 上升到 2012 年的 10.9%，曾创办过企业的比例从 2011 年的 4.4% 上升到 2012 年的 6.2%。

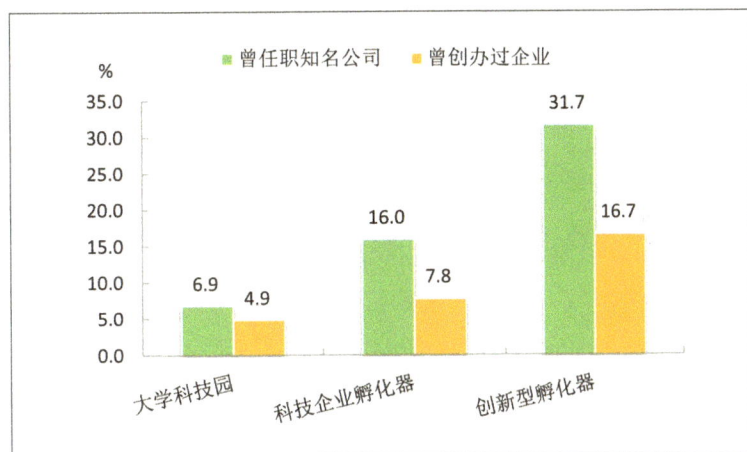

图4-18　2012年中关村孵化器管理团队背景构成比例数据图

投资服务能力提升。创新型孵化器以资本为纽带配置创新资源、挖掘优秀创业项目，取得巨大成功，带动大学科技园和科技企业孵化器不断扩大孵化基金规模，提升投融资服务能力。2012 年中关村创新型孵化器的孵化基金总额达到 20.65 亿元①，占中关村孵化器的孵化基金总额的 90%，带动大学科技园和科技企业孵化器迅速扩大孵化基金

图4-19　2010—2012年中关村孵化器基金总额数据图

①统计范围是中关村管委会认定的15家创新型孵化器，其中创新工场孵化基金数据来自其网站。2012年创新工场募集第二期2.75亿美元基金后对外发布转型投资机构，故此基金不计入本报告的孵化基金范畴。美元兑人民币汇率按1:6计算。

规模，从 2011 年的 1.37 亿元上升到 2012 年的 2.22 亿元，增速为 62%。

孵化服务向早期阶段发展。在借鉴创新型孵化器基础上，大学科技园和科技企业孵化器增加项目孵化服务，使孵化链条向早期环节延伸。2012 年海淀园创业服务中心积极筹备"零成本创业"，丰台园创业服务中心探索设立早期项目孵化中心，瀚海孵化器高薪聘请美国多名金融、咨询专家和有成功创业或国际拓展经历的企业家担任中小企业创业导师，通过与投资机构合作，筛选优质早期创业项目，为创业团队提供免费的物理空间、一对一创业导师，以及有针对性的创业教育和创业培训等服务，降低创业者软硬件成本的同时，有效控制早期阶段的创业风险，让创业者真正实现"零成本创业"。

（二）运营模式从物业经营向增值服务转变

从孵化器成本构成看，创新型孵化器成本以人力资源等运营成本为主。2012 年孵化器的人力资源等运营成本、房租和设备等硬件成本，各占一半左右。与大学科技园和科技企业孵化器相比，2012 年中关村创新型孵化器的人力资源及其他运营成本占比大幅高出 16 个百分点，达到 65%；房租成本占比高出 7 个百分点，为 29%；而设备成本低 23 个百分点，仅为 6%。

从孵化器收入构成看，服务性收入明显上升。2012 年中关村孵化器整体服务性收入占比为 44%，较 2011 年大幅提升 16 个百分点。其中，创新型孵化器服务性收入占比为 90%，大学科技园和科技企业孵化器虽然仍以房租物业收入为主，但服务性收入上升趋势明显。2012 年大学科技园和科技企业孵化器的房租物业收入占比为 60%，服务性收入为 40%[①]，相比 2011 年的 25%，服务性收入比重有了明显提升。

大学科技园和科技企业孵化器通过创新体制机制，主动挖掘筛选早期创业团队的动力不断提升。北航科技园通过成立工业技术研究院，将科研管理职能并入大学科技园，大幅提升了大学科技园推进科技成果转化的动力，已开展钛合金激光快速成型、通用航空电子系统、飞行模拟器等一批重大科技成果进入科技园转化和产业化工作。中关村上地生物医药园在项目初期就开始进行服务和投资介入，建立了 9000 平方米的实验室和中试车间，提供约 50 万元的启动资金，并要求孵化器管理团队跟投，建立了孵化器、管理团队、入孵企业风险共担、利益共享的运行机制，已孵化出 5 家间接上市企业、3 家三类注册证企业、5 家即将完成商品化的医药企业，以及一大批从事早期项目研发的创业企业。

---

①此处成本数据不包括中美企业创新中心（北京瀚海华美国际咨询有限公司），其 2012 年在美国购买办公场所花费 4757.64 万人民币。

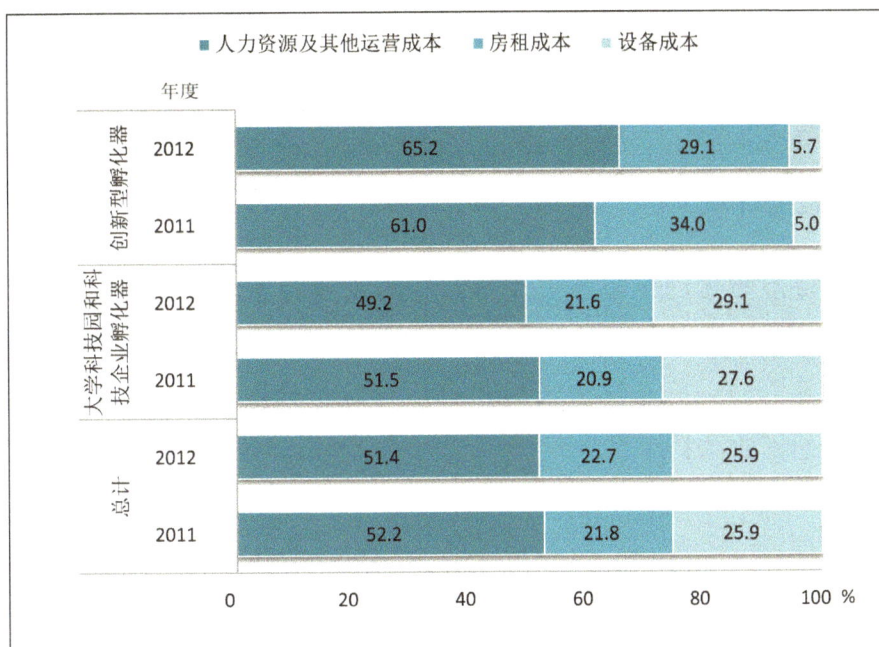

图4-20　2011—2012年大学科技园、科技企业孵化器和创新型孵化器成本构成数据图

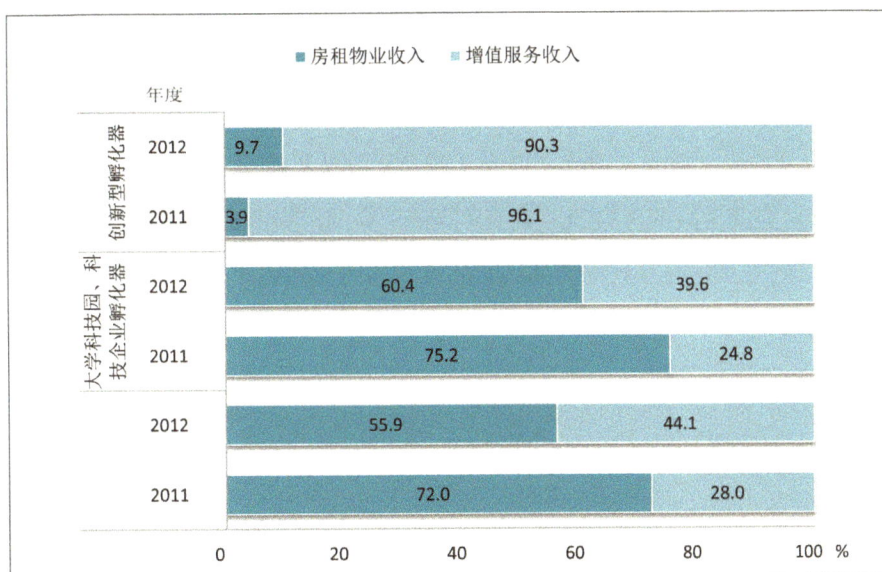

图4-21　2011—2012年大学科技园、科技企业孵化器和创新型孵化器收入构成数据图

（三）创业服务向专业化发展

中关村孵化器逐步向孵化领域专业化、服务内容差异化发展，形成了创业教育、创业社区、创业投资、创业辅导、开放平台以及创业媒体等服务。在创业教育方面，典型的有清华大学X-Lab、常青藤创业园；在创业社区方面，有车库咖啡、36氪、创

客空间；在天使投资方面，有天使汇、创投圈、Pre-angel；在创业辅导方面，有摇篮计划、联想之星；在开放平台方面，有百度轻应用开放平台、小米开源硬件平台、360手机开放平台；在创业媒体方面，有36氪、创业家、创业邦等。

五、中关村创业环境

形成了以支持市场化创业服务主体为核心的创业服务政策支持体系。 2012年中关村扩大了创新型孵化器认定范围，带动孵化器整体服务水平提高；鼓励孵化器健全流动机制，提升创业孵化效率；扩大天使投资引导基金规模，提供风险补偿资金，鼓励投资机构投资早期创业项目；深入实施"金种子工程"，壮大创业导师队伍，挖掘优秀初创企业；出台"U30雏鹰人才工程"，鼓励青年人才和大学生创新创业；发挥中关村企业家顾委会高层次、多领域、跨行业等综合优势，为中关村创业发展提供智力支持和政策咨询。

通过多种形式搭建创业者与成功企业家、风险投资家和专家学者之间互动交流的平台，倡导形成了关注创业、参与创业、支持创业的良好氛围和独特文化。 仅15家创新型孵化器组织各类特色创业服务活动每年达600多场，天使汇连续28次举办DemoDay和FoundersDay等线下路演活动，覆盖全国5个城市240个路演项目，参加活动观众超过11000人次，并利用互联网手段推出视频路演、微信路演；3w咖啡组织创业交流活动100多场，行业交流活动近100场；创业家黑马大赛举办活动27场，直接服务达2700个创业项目；联想之星携手创新工场、亚杰商会等机构举办"创业戈壁行"活动，为200多位创业者提供了深入交流沟通的互动平台。

中关村示范区2013年
科技金融发展报告

目　录

一、2012年中关村科技金融发展整体情况 ·················· 123

　　（一）科技金融：中国实践 ······························· 123

　　（二）科技金融：中关村成果 ··························· 124

二、2012年中关村信用体系发展情况 ······················ 126

　　（一）中关村信用首善之区建设成效显著 ··········· 126

　　（二）中关村信用体系建设不断完善 ················· 126

　　（三）中关村信用服务市场初具规模 ················· 127

三、2012年全国中小企业股份转让系统工作情况分析 ··········· 127

　　（一）中关村鼓励企业挂牌的主要做法 ··········· 127

　　（二）全国中小企业股份转让系统的基础——中关村代办股份转让试点工作成果

　　·· 128

　　（三）全国中小企业股份转让系统中关村挂牌企业情况分析 ········· 129

四、2012年中关村企业改制上市开展情况 ················· 129

　　（一）中关村企业改制上市工作取得了重要进展 ········· 129

　　（二）中关村企业质量较好，创办与投资优势明显 ········· 130

　　（三）上市后备资源丰富，中关村投资价值高涨 ········· 130

　　（四）政策扶持力度增加，扶持效果凸显 ········· 130

五、2012年中关村科技信贷工作情况分析 ················· 131

（一）科技信贷工作整体情况 ······················· 131

（二）科技信贷专营机构情况 ······················· 131

（三）信用贷款试点情况 ······························ 133

（四）小额贷款情况 ·································· 133

（五）股权质押贷款情况 ······························ 133

（六）担保融资工作情况 ······························ 133

（七）知识产权投融资试点情况 ······················· 134

（八）信用保险及贸易融资试点发展情况 ··············· 134

六、其他创新工作情况 ······························ 134

（一）融资租赁发展情况 ······························ 134

（二）科技保险发展情况 ······························ 135

（三）其他创新融资工作发展情况 ····················· 135

七、2012年中关村创业投资发展情况 ················· 135

（一）中关村创业投资发展整体情况与全国发展比较 ················· 135

（二）2012年中关村重点创业投资领域分析 ················· 137

（三）2012年中关村十大系列评审入选案例情况 ················· 140

科学技术是第一生产力，金融是现代经济的核心，而每一次产业革命的兴起无不起源于科技创新，成于金融的推动和创新。推动科技和金融的全面结合，既是中国应对国际金融危机的现实选择，也是促进科技开发、推动自主创新、加速科技成果转化、培育新型战略性产业和改造传统产业、实现经济发展方式根本转变、建设创新型国家、提高国际竞争力的重大而长期的战略抉择。

中关村科技金融的发展是建设国家科技金融创新中心、优化中关村创新创业环境、增强创新能力的需要；是破解科技型中小微企业融资难的需要；是整合现有科技与金融资源、形成开发有序的互联网金融生态系统的需要；是推进大数据等信息技术与金融深度融合，打造引领示范作用的国家科技金融创新中心的需要。2012 年，中关村继续加强引导金融资源向科技领域配置，促进科技与金融结合发展，在激发创新活力、增强创新动力方面取得显著成效。

一、2012年中关村科技金融发展整体情况

（一）科技金融：中国实践

科技金融实践已全面展开，目前，中国科技金融实践呈现出 4 个典型特征：

第一，**政府引导与市场机制有机结合是科技金融的核心思想。**

从科技金融的基本规律看，仍然需要把市场机制在资源配置中的决定性作用作为根本，同时，需有效发挥政府在特定阶段、部分领域的重要引导作用。在我国科技金融体系建设中，政府不断创新资本投入方式，以撬动社会资本为主、以财政税收优惠为辅，营造扶持战略性新兴产业发展的政策环境。在国家"十二五"规划支持战略性新兴产业发展的指导下，各地方政府制定并贯彻落实相应措施，在人才引进、创业环境、厂房租金等方面给予优惠，以及为企业提供税收优惠政策等方面的福利待遇，吸引国内外创新型人才入驻创业。此外，各地方政府高效利用政府资金，撬动更多社会资本进入科技型中小企业，并不断创新财政投入方式，提高资金效率。

第二，**搭建平台提供一揽子金融服务是科技金融的重要模式。**

《国家中长期科学和技术发展规划纲要（2006—2020 年）》提出"搭建多种形式的科技金融合作平台"。在政府引导和推动下，各地区为科技型中小企业的创立和发展搭

建众多公共服务平台，包括政务信息公开平台、技术成果转化中心、中小企业上市培育工程、企业培训、中小企业投融资公共服务平台、银企对接会等多方面综合性的服务平台。以"一个平台"构建包括银行、创投、担保、保险、科技小贷、融资租赁公司在内的金融服务体系，为全生命周期的企业提供政务信息、金融产品及中介服务等。

第三，培育高新技术产业与建设高新区是科技金融的发展基础。

国内重点推进科技金融发展的区域主要包括：北京、上海、浙江、江苏、天津、四川、广东等地，2011年这些地区高新技术产业总产值均高于1000亿元，属于高新技术产业快速发展的地区，各地区均呈现其特殊的产业特征。由于高新区内高新技术企业聚集，科技金融资源禀赋较高，政府机制相对灵活，高新区往往是科技金融发展的重要区域。各地政府根据本区域的产业特征扶持行业发展，创新产品和服务模式，以金融创新助推科技进步。

第四，依托银行等金融机构提供科技金融服务与推动科技金融创新是科技金融的主要形式。

目前，我国形成了以银行为中心，与创投、担保、保险相结合的金融服务体系，共担风险，为科技型中小企业提供金融服务。无论政策性银行、五大国有商业银行还是地方性商业银行，均重视国家支持中小企业尤其是科技型中小企业发展这一战略机遇，通过创新金融产品、审批流程、服务模式等方式为企业提供全方位、覆盖整个生命周期的金融服务。金融产品方面，银行根据科技型中小企业的特征，创新性地提出知识产权质押、合同能源管理等产品，满足不同企业的特定需求；审批流程方面，银行提供"一个窗口"的服务，为企业提供便利有效的服务，针对企业特征加入专家评审，设立专门的审批通道和审批标准；服务模式方面，为鼓励银行支持科技型中小企业发展，政府积极引入担保机构，为银行分担风险。

（二）科技金融：中关村成果

第一，国家科技金融创新中心的战略地位更加明确。

2012年8月，国家发展改革委、科技部、财政部、人民银行、税务总局、银监会、证监会、保监会、外汇局联同北京市政府共同印发《关于中关村国家自主创新示范区建设国家科技金融创新中心的意见》（简称《意见》），确立了中关村作为国家科技金融创新中心的战略地位。在该《意见》的指导下，科技部和一行三会明确中关村成为全国科技和金融结合首批试点地区，中关村示范引领和辐射带动全国科技金融创新体系的地位已经形成。2012年，中关村作为国家科技金融创新中心的战略地位更加明确，中关村科技金融的品牌影响力大大增强。

第二，科技金融工作体系进一步完善。

2012年，中关村不断完善科技金融工作组与国家相关部门、市级有关单位以及与"一区多园"的工作对接机制，加强和各类金融机构、科技中介机构的工作机制建设，以中关村核心区为重点，引导银行、创投、担保、保险、融资租赁、小额贷款等各类创新性金融资源聚集，科技金融机构在中关村聚集发展的态势进一步增强。中关村科技金融工作已初步形成市场机制充分发挥作用、各方合作共赢的局面，资源聚集效应进一步增强。

中关村逐步完善对接机制，加强了和示范区企业及相关机构的日常沟通，主动服务科技企业需求。与银行、证券、保险、投资公司等近百家金融机构和相关机构进行了工作对接，组织修订了《中关村示范区科技金融政策法规汇编》和《中关村示范区企业改制上市疑难问题解答》，并向示范区4000家多家企业进行了发送；全面组织开展"信贷创新中关村""信用中关村""走进中关村""创业中关村"等中关村科技金融品牌活动。2012年累计组织召开了40多场企业改制上市培训会、并购培训会、中小企业私募债培训会、代办挂牌培训会、企业与创投会以及银企对接会等，受到企业好评。

第三，科技型、创新型企业培育工作继续推进。

2012年，中关村引领战略性新兴产业发展的潮流，越来越多的上市公司创始人开始加入到天使投资的队伍，出现了一批活跃的天使投资人和连续的创业者。据不完全统计，截至2012年末，中关村共发生创业投资案例240起，占全国的26.7%，披露的投资金额159亿元，占全国的30%。中关村创业投资引导资金与IDG等机构合作，累计设立了22支子基金，合作规模超过100亿元，财政资金放大倍数达到15倍，杠杆作用显著。子基金累计投资109家企业，其中中关村企业71家，占比65%。

中关村上市公司群体加速壮大，"中关村板块"效应增强。2012年新增上市公司22家，上市公司总数达到225家，包括境内145家，境外80家，IPO融资额超过1900亿元。其中，创业板上市公司达到62家，占全国的1/7，在创业板形成了"中关村板块"。上市后备资源丰富，改制完的非上市股份公司500多家，符合创业板财务指标要求的企业近千家，在证监会等待上市审核和在北京证监局辅导的企业100多家。大力支持上市公司发展，推动设立了"中关村上市公司协会"。企业并购重组活跃，一大批企业通过并购整合境内外创新资源，快速做强做大。

二、2012年中关村信用体系发展情况

（一）中关村信用首善之区建设成效显著

2012 年，中关村按照"以信用促融资、以融资促发展"的工作思路，以企业信用自律为基础、市场需求为导向、缓解企业融资难为突破口，全面提升中关村企业信用意识和信用管理水平。大力实施以企业信用为基础的企业融资方案，企业使用信用报告的意识不断增加，累计有 9000 多家次企业使用各类信用产品 14000 余份。中关村企业信用促进会会员达到 3810 家，信用星级企业 632 家，中关村信用双百工程成效明显，信用双百企业(最具影响力和最具发展潜力企业)达到 412 家。采取招投标和打包的方式，累计组织四期小微企业集合信用贷款实施计划，为 41 家小微企业提供信用贷款 1.028 亿元，信用激励机制不断完善。

（二）中关村信用体系建设不断完善

信用体系建设是示范区机制体制创新的重要组成部分，中关村不断探索和实践，走出了一条"以信用促进企业融资、以融资推动企业发展"的企业信用体系建设创新之路。实现了 6 个方面的创新：一是创建了信用工作组织体系，成立了全国第一家企业信用自律组织——中关村企业信用促进会；二是制定了一套信用制度；三是开发了一系列信用服务产品；四是培育了一批信用服务机构；五是建立了一套信用信息系统；六是形成了一套信用激励机制。中关村坚持将企业信用体系建设作为科技金融工作的基础，以缓解中小企业融资难为切入点，实施担保融资、信用贷款、知识产权质押贷款、信用保险和贸易融资、小额贷款等多项以企业信用为基础的中小企业流动资金贷款解决方案，促进示范区整体信用环境的提升。

中关村实施了一系列信用激励政策，包括以企业立信和信用积累为基础的"信—保—贷—贴"的担保贷款和"信—贷—贴"直通的信用贷款政策；鼓励支持企业购买、使用包括信用中介服务在内的中介服务的政策；信用促进会优秀会员评选和"瞪羚"星级企业奖励政策等。政府公共财政资金支持向立信和信用记录、信用积累好的企业倾斜，发挥了政府资金的"杠杆"作用和引导效应，有效地提升了企业的信用意识和信用管理水平，营造出"企业立信守信、持续积累信用记录、银企互信、信用融资、信用交易、以信用谋发展"的中关村信用文化。中关村信用体系被国家发展改革委誉为全国中小企业信用服务体系建设示范"标间"。

（三）中关村信用服务市场初具规模

2012年，中关村企业信用促进会新增企业会员数百家；中关村企业信用报告的数量和质量在全国区域企业信用报告中处于领先地位，得到了政府部门、商业银行、担保机构的认可和好评；中关村聚集了一批信用中介机构，促进企业和金融机构对接，使金融机构与企业的信息不对称问题得到了有效缓解；中关村学习借鉴国外先进信用评级制度，快速发展信用星级评定，根据企业每年的经营、财务等状况，对企业信用采取定量与定性相结合的动态信用评定方式。

三、2012年全国中小企业股份转让系统工作情况分析

2012年9月20日，全国中小企业股份转让系统有限责任公司在国家工商总局注册成立，注册资本30亿元。2013年1月16日，全国中小企业股份转让系统正式揭牌运营，这是我国多层次资本市场建设发展的重要举措。

（一）中关村鼓励企业挂牌的主要做法

为鼓励企业到代办系统挂牌，中关村重点从3个方面开展工作：

一是资金支持。 对于企业改制、到代办股份转让系统挂牌，中关村管委会分别给予30万元、60万元的资助，同时整合创业投资、技术创新、重大产业化项目、银行贷款等方面的政策资源，促进其尽快发展壮大。建立了与30多家主办券商的日常沟通机制，同时对主办券商推荐的企业成功挂牌后，给予每家券商20万元的资金支持。

二是培训辅导。 中关村管委会会同中国证券业协会、深交所、主办券商等建立社会化的企业培育工作体系。每年完成对600家以上企业的政策宣讲和培训，并对100家左右的重点企业进行现场走访和调研，积极推动企业进入代办系统挂牌。推动成立了由银行、券商、信托机构、保险机构、会计师事务所、律师事务所、创投机构等参加的全国中小企业股份转让系统中关村金融服务联盟，加强对企业的综合金融服务。中关村与北京民营科技实业家协会、中关村移动互联网产业联盟等机构共同组织"新三板"培训会，同时，举办"瞪羚"重点培训企业政策发布会，针对"新三板"挂牌企业举办中小企业私募债培训会。

三是增值服务。 中关村管委会会同深交所和金融机构加大对挂牌企业的增值服务：会同深交所成立远程开市中心，为企业提供包括挂牌仪式在内的公共服务；定期组织开展挂牌企业网上集体业绩路演，搭建挂牌企业与机构投资者之间的长效沟通机制；建立中关村资本市场投资者互动平台，建立挂牌企业的个性化专网，提升企业品牌形象；

组织银行对挂牌企业提供贷款融资；组织开展挂牌企业与创业投资机构的对接，培育和壮大机构投资者队伍。

（二）全国中小企业股份转让系统的基础——中关村代办股份转让试点工作成果

自 2006 年 1 月全国中小企业股份转让系统将中关村代办股份转让系统作为首发园区以来，取得了良好的效果，得到国务院领导的充分肯定。

1. 全国中小企业股份转让系统企业规模增大，运行秩序良好。2012 年共有 79 家企业挂牌，涵盖了电子信息、生物制药、新能源环保、文化传媒等新兴行业。在 2012 年新增挂牌的 79 家企业中，52 家注册在海淀区，占比约 65.8%。中关村企业进行改制和代办系统挂牌的积极性逐步得到提高。2012 年"新三板"挂牌企业成交笔数为 638 笔，成交金额达到 5.8 亿元，创历史新高，平均单笔成交金额 91.5 万元，比 2011 年同期增加 35.2%。

2. 规范公司治理结构，促进企业健康发展。通过挂牌促进了企业建立现代企业制度、完善法人治理结构，提升了企业品牌价值，增强了企业的创新能力。挂牌后企业资产总量增加，资产营运效率提高，偿债能力增强，盈利能力显著提升。根据企业披露的年报统计数据，截至 2012 年，挂牌公司合计股本为 55.3 亿股，年度交易量为 1145.5 万股，成交金额为 5.8 亿元。

3. 转让系统融资优势凸显，营收和净利增速双双跑赢主板。至 2012 年 12 月 31 日，共有 43 家挂牌企业完成了 52 次定向增资，共增资 22.8 亿元，平均每次募集 4388.5 万元，平均市盈率为 22 倍。在 2012 年就有 13 家企业进行了 13 次定向增资，融资额 3.3 亿元。2010—2012 年"新三板"企业营业收入增速高于中小板和创业板。2012 年，"新三板"营业收入增速为 18.9%，中小板和创业板营业收入增速仅有 11.4% 和 15.8%；在净利润增速上，"新三板"为 5.9%，中小板和创业板分别为 −10.7% 和 −8.4%。

4. 转板企业数量增加，孵化器作用明显。"新三板"开设以来，已有 8 家企业转板上市。其中，久其软件在中小板上市，北陆药业、世纪瑞尔、佳讯飞鸿、紫光华宇、博晖创新、东土科技、安控科技在创业板上市。截至 2012 年底，中关村非上市股份有限公司 500 多家，正在改制及拟改制企业 500 多家。符合创业板财务指标的企业近千家。

5. 部门协同监管和协调合作机制初步形成。在证监会的领导下，成立了五方联合工作组，建立了联席会议工作制度。证监会负责全国中小企业股份转让系统工作统一组织、协调和规则核准；科技部负责有关政策调研及协调工作；中国证券业协会负责企业挂牌备案和主办券商的监管；深交所负责提供和完善技术支持系统，监督挂牌企业信息披露；中关村管委会受北京市政府委托，牵头负责全国中小企业股份转让系统中关村企业的资格确认、持续监管、社会风险处置和组织企业参与股份转让系统。

6. 探索了非上市公司股份转让中风险控制的监管制度和基本运行模式。中关村中小企业股份转让系统依托我国证券市场现有的技术系统和券商遍布全国的营业网络，建立了非上市公司股份规范化转让的技术、网络体系，为提高转让效率和结算安全提供了保证。建立了非上市股份公司进行股份转让的监管制度安排和基本运行模式，有效控制了市场风险，为探索建立统一监管下的全国性场外市场积累了经验。

（三）全国中小企业股份转让系统中关村挂牌企业情况分析

截至2012年全国股份转让系统挂牌公司已达200家，其中北京中关村175家（不包含已转板上市企业），天津滨海7家，上海张江8家，武汉东湖10家。挂牌公司总股本为55.3亿股，年度交易量为1145.5万股，成交金额为5.8亿元。挂牌公司中，具有高新技术企业资格的占90%。

在新增挂牌企业中，39家属于信息技术行业，占比49.4%；27家为制造业企业，占比24.2%；11家属于社会服务业，占比13.9%。

2012年共有13家公司定向增发6840.4万股，增发金额共计3.3亿元，平均市盈率22倍。其中，思创银联（430152）增发102.4万股，市盈率达到90倍，达到年度最高值。

四、2012年中关村企业改制上市开展情况

中关村创业金融体系在资本市场的促进下建立和完善，通过资本市场的示范效应，极大地提升了中关村的投资价值。促进了人才、资金、技术、中介服务等各类要素向中关村战略性新兴产业的集聚，极大地带动了新兴产业的创新创业，形成了中关村高端产业集群效应。可以说，中关村是资本市场最大的受益者。上市公司是中关村发展中最具影响力和成长优势的企业群体，也是中关村发展战略性新兴产业的主力军。

（一）中关村企业改制上市工作取得了重要进展

自2009年以来，中关村共有113家企业在境内外资本市场上市。2009年新增上市公司25家，2010年40家，2011年26家，2012年22家。截至2012年底，中关村上市公司总数达到225家，成为我国上市公司最集聚的地区，包括境内资本市场145家，境外资本市场80家，其中境内创业板上市公司62家，占全国的1/7，在创业板形成了"中关村板块"。目前在中国证监会等待上市审核和在北京证监局辅导的企业还有100多家。经国务院批准的全国中小企业股份转让系统进展顺利，中关村上市公司的投资价值得

到了境内外资本市场的高度认可，上市公司已成为中关村发展中最具影响力和成长优势的企业群体。2012 年中关村的上市公司还发起成立了"中关村上市公司协会"。

（二）中关村企业质量较好，创办与投资优势明显

作为我国科技创新中心，中关村是我国创新创业资源最丰富的区域，培育了一大批新兴产业的领军企业和创新型企业。拥有高新技术企业近 2 万家，每年新创办企业 3000 多家。留学人员累计创办企业 6000 多家，总收入过亿元的企业 1648 家，德勤"中国大陆高科技高成长企业 50 强"和清科"中国大陆最具投资价值企业 50 强"中，1/3 左右来自中关村。中关村上市公司的投资优势在国内外资本市场中凸显。中关村示范区内的 66 家境内外上市企业共同筹备的中关村上市公司协会于 2012 年 8 月正式成立，该协会旨在通过分析上市公司成长数据、总结发展规律，从而更好地为其成员单位、投资人及资本市场、政府及有关部门制定相关政策提供服务。协会建立的中关村示范区上市公司数据库将有助于中关村动态信息平台的建设。同时，中关村上市公司协会还将帮助其成员单位制定企业发展策略，促进企业间的合作与发展，同时协助政府有关部门及投资人完成相关专题研究。

（三）上市后备资源丰富，中关村投资价值高涨

2009 年国务院批复以来，中关村已新增上市公司 113 家，其中已公开发行的 102 家 IPO 融资额 1155 亿元。上市公司总数达到 225 家，包括境内 145 家，境外 80 家，IPO 融资额合计超过 1900 亿元。其中创业板上市公司达到 62 家，占全国的 1/7，在创业板形成了"中关村板块"，极大地提升了中关村的投资价值，引导技术、资本、人才等创新要素向中关村聚集。上市后备资源丰富，改制完的非上市股份公司 500 多家，符合创业板财务指标要求的企业近千家，目前在证监会等待上市审核和在北京证监局辅导的企业 100 多家。大力支持上市公司发展，围绕上市后企业的需求，制定和完善有针对性的政策，推动设立中关村上市公司协会。

（四）政策扶持力度增加，扶持效果凸显

长期以来，中关村高度重视企业改制上市促进工作。中关村管委会先后与深交所、上交所、纽交所、纳斯达克、香港交易所等境内外证券交易所签署了战略合作协议，建立和协同工作机制，并会同政府相关部门、证券公司、银行、创业投资等机构搭建了企业改制上市的社会化培育工作体系，发掘、培育上市企业资源，掌握企业改制上市的动态信息，及时跟踪服务。中关村集中资金，重点支持中关村企业在境内外资本

市场上市，给予企业和券商一定的资金支持，并达到了良好效果。

五、2012年中关村科技信贷工作情况分析

（一）科技信贷工作整体情况

中关村园区以科技信贷专营机构服务、信用贷款试点、科技担保融资、知识产权投融资试点、信用保险及贸易融资试点等工作为抓手，扎实推进园区科技信贷工作稳步向前发展。

（二）科技信贷专营机构情况

中关村园区科技信贷专营机构开设数量继续增加，信贷规模逐年扩大，创新业务持续推出。2012年，园区各专营机构和特色支行呈现出良好的发展态势：

一是专营机构开设数量继续增加。2012年园区新开设4家专营机构，其中交通银行新开设了3家专营机构，中国农业银行新开设了1家专营机构。截至2012年底，18家商业银行在园区一共开设了40家信贷专营机构和特色支行。

二是专营机构信贷规模逐年扩大。2012年科技信贷专营机构和特色支行共为园区企业新发放贷款148亿元，截至2012年底，上述信贷专营机构和特色支行共为园区8620家次企业提供授信额度1981亿元，实际发放贷款1213亿元。

三是专营机构创新业务持续推出。如工商银行推出"科技通"小微企业信用贷款产品，建设银行推出的"翱翔金融计划"产品服务方案，民生银行设立的"中关村创新科技小微企业互助基金等。

中关村园区内设立的银行科技信贷专营机构一览表

表5-1

序号	银行名称	专营机构名称
1	中国银行（11家）	中关村中小企业金融服务中心
		海淀中小企业金融服务中心
		上地中小企业金融服务中心
		朝阳中小企业金融服务中心
		商务区中小企业金融服务中心
		东城中小企业金融服务中心

续表

序号	银行名称	专营机构名称
		通州中小企业金融服务中心
		顺义中小企业金融服务中心
		昌平中小企业金融服务中心
		丰台中小企业金融服务中心
		开发区中小企业金融服务中心
2	上海浦东发展银行（7家）	北京分行中关村支行
		北京分行电子城支行
		北京分行宣武支行
		北京分行开发区支行
		北京分行德外支行
		北京分行大望路支行
		北京分行富力城支行
3	交通银行（4家）	北京中关村园区支行
		北京公主坟支行
		北京酒仙桥支行
		北京慧忠里支行
4	招商银行（3家）	北京分行中关村小企业信贷中心
		北京分行双榆树支行
		北京分行上地支行
5	北京银行（2家）	海淀园支行
		上地支行
6	中国工商银行	北京中关村支行
7	中国农业银行	中小企业金融服务中心（海淀）
8	中国建设银行	北京市分行海淀中小企业金融服务中心
9	中信银行	总行营业部北京小企业金融中心
10	中国光大银行	北京海淀支行中小企业信贷中心
11	华夏银行	中小企业信贷部北京分部
12	中国民生银行	中国民生银行总行营业部中小企业直营二中心
13	杭州银行	北京中关村支行
14	浙商银行	北京中关村支行

序号	银行名称	专营机构名称
15	厦门国际银行	北京中关村支行
16	兴业银行	北京海淀支行
17	南京银行	北京分行中关村支行
18	广发银行	北京分行海淀支行

（三）信用贷款试点情况

中关村园区信用贷款试点继续推进，各银行参与积极性提高，覆盖企业范围扩大，贷款总量稳步增加。

一是各银行参与积极性提高。中关村园区开展信用贷款试点的银行继续增加，已经由2009年试点之初的6家银行发展到2012年末的24家，包括中国工商银行、北京银行、交通银行、浦发银行、招商银行、北京农商银行等多家合作银行。

二是信用贷款覆盖企业范围扩大。信用贷款由最初只覆盖连续两年入围"瞪羚计划"或累计3年进行信用评级的企业，开始覆盖更多符合一定信用条件的园区高科技企业，如上地地区高科技中小企业在无抵押无担保的情况下可获得最高500万元的一年期信用贷款。

三是信用贷款总量稳步增加。截至2012年末，各银行累计为409家企业提供838笔信用贷款，实际发放144亿元，无一违信行为。

（四）小额贷款情况

2009年中关村园区专门成立了北京市中关村小额贷款股份有限公司，面向科技型中小企业提供小额贷款。中关村小额贷款公司在突破传统商业银行"低风险、高流动性和稳定收益"信贷理念的基础上，推出了具有自身特色的"贷贷相传"系列产品，最大限度满足中小企业发展过程中的资金需求。截至2012年末，中关村小额贷款公司累计发放贷款33亿元。

（五）股权质押贷款情况

中关村园区始终大力推动信贷产品和服务创新，鼓励银行针对中关村代办股份转让系统挂牌企业开展股权质押贷款，从中关村发展专项资金中提供贷款贴息资金。自试点以来，累计为33家企业发放贷款5.6亿元。

（六）担保融资工作情况

中关村园区继续以北京中关村科技融资担保有限公司平台和"瞪羚计划"项目提供科技金融服务。2012 年中关村出台新的政策引导各类金融机构为瞪羚重点培育企业提供支持，对为瞪羚重点培育企业提供金融服务的金融机构给予风险补贴。

北京中关村科技融资担保有限公司成立 14 年来，扎根中关村示范区、服务科技型中小微企业，已成为国内科技担保行业领军企业。截至 2012 年末，以中关村科技担保公司为平台，已累计为企业提供贷款担保 686 亿元。到 2012 年底，中关村"瞪羚企业"总数达到 3500 多家（重点培育企业 896 家），累计获得近 400 亿元的担保融资。

（七）知识产权投融资试点情况

中关村知识产权投融资服务试点工作稳步推进，通过建立知识产权投融资服务联盟，实施知识产权投融资人才培育工程，发展和规范评估机构市场，推进知识产权银行试点工程，深入推进知识产权质押贷款工作。

截至 2012 年末，各银行累计为中关村科技企业发放知识产权质押贷款 101.5 亿元。

（八）信用保险及贸易融资试点发展情况

中关村园区自 2009 年率先开展信用保险与贸易融资试点工作以来，引入保险机构参与提供信用管理服务，协助企业建立信用管控体系，分散企业及银行风险，实现贸易融资，实现了保险业务和银行业务的有效结合，突破了银行要求抵质押物或第三方担保的制约，成为对传统融资方式的有益补充。

自该项工作开展以来，信用保险及贸易融资试点工作进展顺利，累计为 67 家次企业提供近 200 亿元的信用保险和 10 亿元的贸易融资贷款。

六、其他创新工作情况

（一）融资租赁发展情况

2012 年，中关村管委会从促进科技和金融的结合、进一步发挥融资租赁支持战略性新兴产业发展的角度考虑，推出了《中关村国家自主创新示范区融资租赁支持资金管理办法》。该办法不仅对在中关村示范区新设和引进融资租赁企业提供资金补助和购（建、租）房补贴，同时对园区内高新技术企业通过融资租赁获得科技研发和创新创业服务发生的费用给予补贴，并对面向中关村企业开展业务的合作融资租赁企业提供业务补贴。

（二）科技保险发展情况

中关村园区继续深化科技保险试点，完善科技保险保费补贴机制，支持企业购买科技企业产品研发责任保险、关键研发设备保险、出口信用保险、员工忠诚险等科技保险产品和服务。

2012年，中关村园区落实相关政策措施，开展中关村首台（套）重大技术装备试验和示范项目保险试点，其中同方股份有限公司等4家中关村企业与保险机构签订了首台（套）重大技术装备示范项目保险合同，成为这一新机制的首批受益者。

2012年，北京市知识产权局公布的首批24家专利保险试点企业中，包括中关村"瞪羚企业"6家，中关村的支柱产业电子信息领域企业12家。试点企业将无偿获得专利风险管理分析咨询、专利保险方案设计、专利保险投保办理等服务。

（三）其他创新融资工作发展情况

中关村园区金融机构通过各类产品创新，为园区内科技企业提供融资服务。2012年民生银行专为小微科技客户设立了"中关村创新科技小微企业互助基金"，致力于满足中关村高科技企业金融需求。中国银行通过其特色的"供应链金融"产品"融易达"有效缓解了一部分中小企业面临的融资难困境，为京东商城上游30多家供应商提供了资金支持，总金额累计达2.01亿元人民币。

此外，中关村积极推动科技型中小企业发行集合融资工具、企业债券、公司债、短期融资券、中期票据及其他新型债务融资工具，对科技型中小企业发行债务融资工具开辟绿色通道，简化审批手续，完善信用增进服务。2012年，九恒星、百慕新材、鸿仪四方、信威通信等4家中关村企业成为全国首批发行中小企业私募债的企业，总发行额25000万元，为中关村中小企业融资开拓了一条新渠道。截至2012年底，共有8家企业在深交所、上交所发行中小企业私募债，总发行额58000万元。

七、2012年中关村创业投资发展情况

（一）中关村创业投资发展整体情况与全国发展比较

2012年，中关村示范区发生创业投资案例共计240起，占全国创业投资案例总数的26.7%。中关村示范区内披露的创投总投资金额约159亿元人民币（折合），占全国已披露创投投资金额的30.2%。

中关村示范区创业投资案例数量变化情况一览表

表5-2
(亿元)

	中关村示范区	北京	中关村占北京比重	全国	中关村占全国比重
2011年	544	587	92%	1859	29.3%
2012年	240	287	83.6%	898	26.7%
同比增幅	-56%	-51%	—	-52%	—

　　纵向对比，2011年我国创业投资规模达到历史最高水平，进入2012年后，由于宏观经济及资本市场持续疲软，整体投资环境迅速降温，全国范围包括中关村示范区投资案例及规模都达到近年来较低水平。2012年全国投资案例数整体较2011年同比下降52%，但横向对比，近4年中关村地区创业投资案例数量占全国比例仍保持相对稳定。

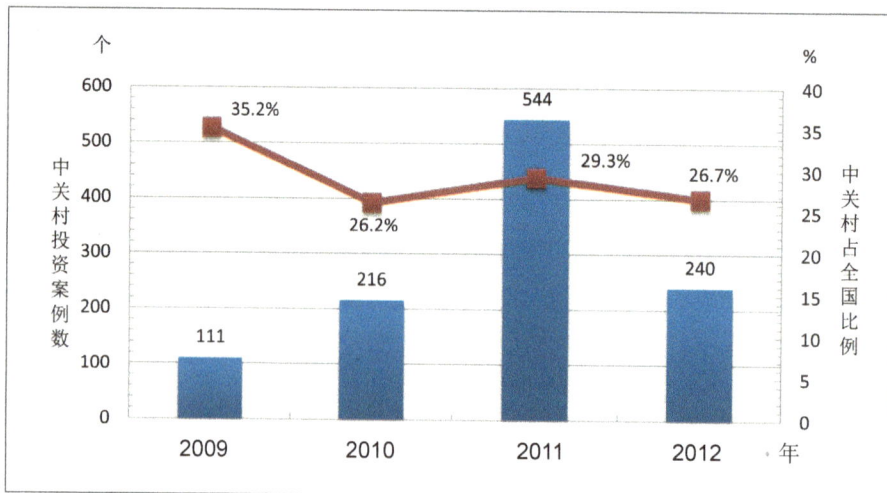

图5-1　2009—2012年中关村股权投资案例数量变化数据图

　　从创业投资金额分析，2012年，中关村示范区内创业投资总金额约159亿元人民币（折合），占全国创投投资金额的30%，占北京市创投投资金额的90%。

中关村示范区与北京市创业投资金额及占比一览表（亿元）

表5-3

	中关村示范区	北京	中关村占北京比重	全国	中关村占全国比重
2011年	344	379	90%	976	35.3%
2012年	159	177	90%	527	30.2%
同比增幅	54%	53%	—	46%	—

从表5-3可以看出，2012年我国整体股权市场投资金额出现较大幅度的缩水，中关村、北京以及全国范围内创业投资金额较2011年均下降50%左右，但中关村创业投资金额在全国占比仍保持在30%左右。

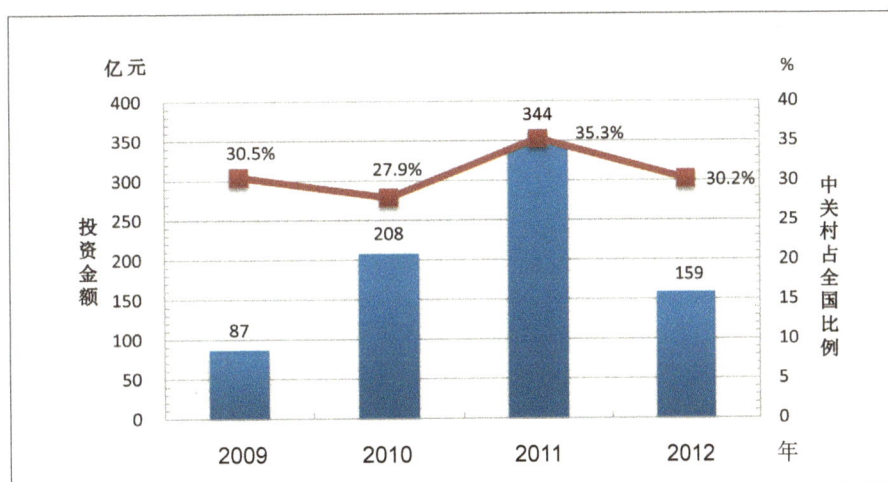

图5-2 2009—2012年中关村股权投资案例金额变化数据图

若不考虑2012年阿里巴巴集团的约126.25亿元（20亿美元）的高额股权融资案例这一特殊情况，全国创业投资总金额为400.75亿元，中关村创业投资金额占全国比例高达39%。

（二）2012年中关村重点创业投资领域分析

2012年，中关村示范区创业投资集中的行业延续以往特色，信息技术业、批发零售贸易业和制造业仍是投资热点。

中关村示范区创业投资金额及案例数量行业分布一览表

表5-4

行业	投资金额（万元）	占比（%）	案例数	占比（%）	单起案例投资金额（万元）
G 信息技术业	677145	42.58	133	55.42	5091
H 批发和零售贸易	369644	23.25	24	10.00	15402
D 电力、煤气及水的生产和供应业	310719	19.54	3	1.25	103573
K 社会服务业	106790	6.72	18	7.50	5933
C 制造业	75413	4.74	46	19.17	1639
L 传播与文化产业	31250	1.97	10	4.17	3125
M 综合类	18144	1.14	5	2.08	3629
A 农、林、牧、渔业	900	0.06	1	0.42	900
总计	1590005	100	240	100	—

1. 中关村创业投资金额的行业分布情况

2012 年，中关村创业投资金额共计约 159 亿元（折合），其中信息技术业投资金额约为 67.7 亿元，占比约 42.6%，位列第一；其次是批发和零售贸易，投资金额约为 37 亿元，占比约 23.3%；再次是电力、煤气及水的生产和供应业，投资金额约为 31 亿元，占比约 19.5%。

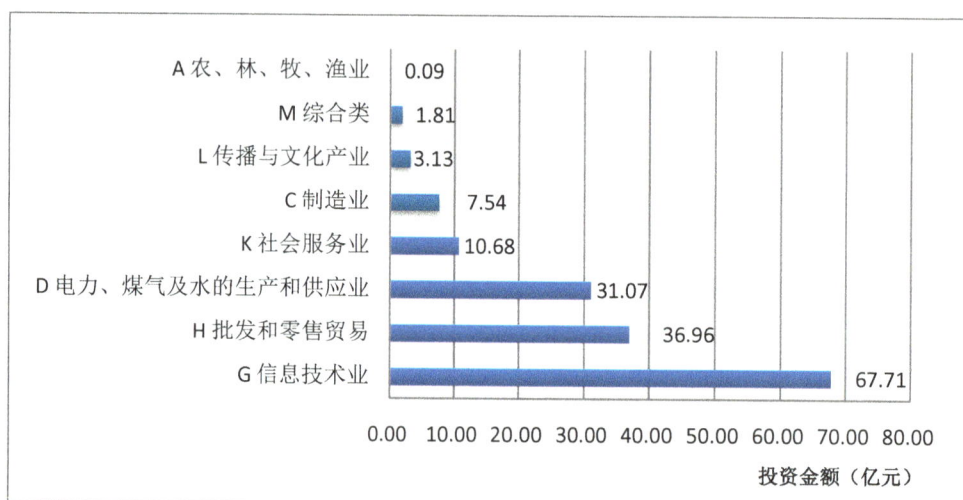

图5-3 中关村示范区创业投资资金行业分布数据图

2. 中关村创业投资案例的行业分布情况

2012 年，中关村发生 240 起创业投资案例，其中信息技术业发生 133 起，占比

55%，位列第一；其次是制造业，发生 46 起，占比约 19%；再次是批发和零售贸易，发生 24 起，占比 10%。

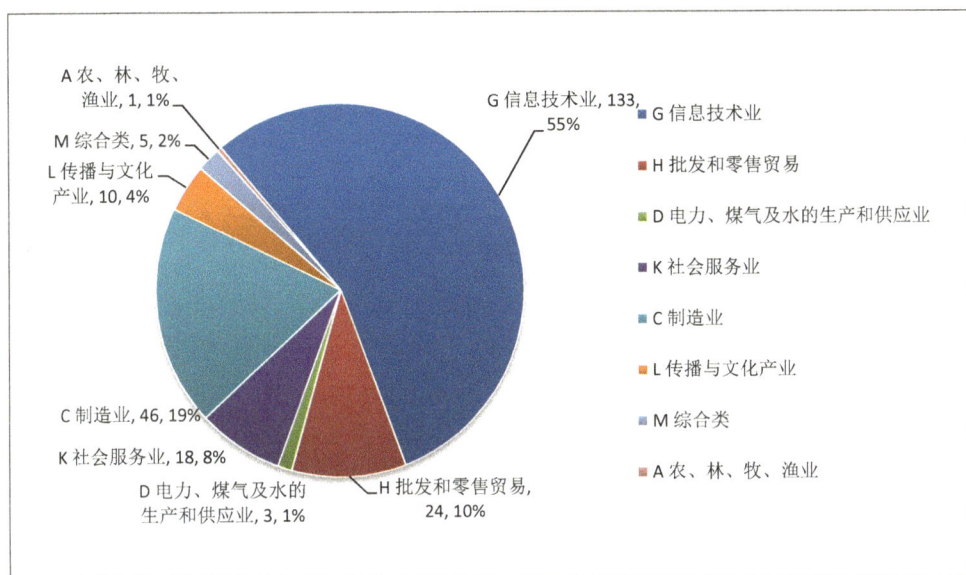

图5-4　2012年中关村创业投资案例数量行业分布数据图

3. 从各个行业投资情况看中关村占全国比例情况

信息技术业作为中关村地区的重点产业之一，中关村地区发生的信息技术业投资案例金额及数量始终占全国的一半左右。2012 年，中关村信息技术业创业投资金额占全国同行业的 60.3%，发生案例数占全国同行业的 49%。

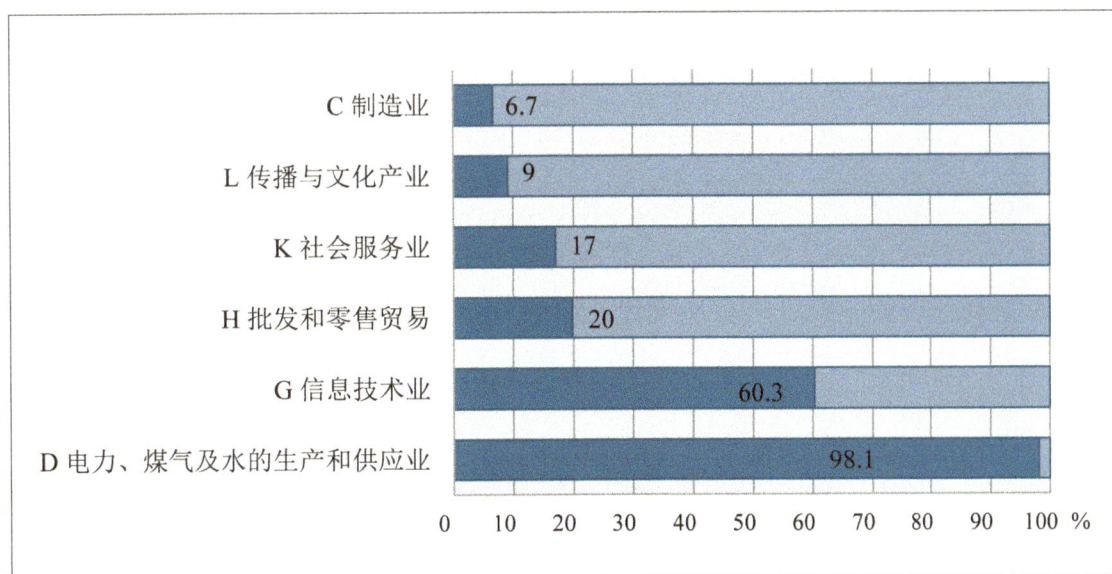

图5-5　中关村创业投资金额占全国比例数据图（以行业分）

从批发和零售贸易业看，在投资金额方面，中关村占全国的 20%；在投资案例数量方面,中关村占全国的 31%。据可获得的已披露数据,2012 年中关村批发零售行业中,单笔金额最高的是京东商城 4 亿美元（折合人民币 25.25 亿元）融资案例,其次是优众网约人民币 2.5 亿元融资案例。

我国电子商务融资规模在经历了 2011 年的疯狂增长之后,2012 年整体急剧下降。团购网站纷纷面临裁撤、倒闭或转型,2012 年全国共有 1652 家团购网站退出团购市场,这里面包括 24 券等大型网站。中小垂直自营类电商作为未来 B2C 市场发展的主流（如鞋类 B2C 和手机 B2C）仍获得了较多融资,而且 2012 年新诞生网站数量 300 家且大多数为垂直细分领域网站。但随着行业内大型 B2C 网站的融资完成,市场竞争已经进入白热化,但在中国电子商务市场细分领域的电商企业目前估值仍较低,有较高的投资安全边际。

从制造业看,在投资金额方面,中关村占全国的 6.7%；在投资案例数量方面,中关村占全国的 12.3%。预计在中关村示范区从现有的一区十园调整至一区十六园后,统计口径扩大,中关村示范区尤其是制造业方面投资将有大幅增加。

（三）2012 年中关村十大系列评审入选案例情况

1. 凯鹏华盈等投资康圣环球,推动专科检验服务业务
2. 当乐网获赛富基金等注资,领跑手机游戏门户行业
3. 君联资本等投资凯因科技,打造生物技术平台
4. 生泰尔科技受创投青睐,推动现代农业兽药发展
5. 仟亿达获优质资本注资,领先 EMC 行业
6. 信威通信专注专网通信,再获资本青睐
7. 海鑫科金定向增资,启迪创投等认购
8. 双杰电气定向增资,德同资本等认购
9. 海纳医信获红杉资本投资,发力医疗影像软件行业
10. 京鹏环球获厚生投资,打造现代农业温室专家

中关村示范区2013年
国际化发展报告

目　录

一、外资企业发展情况 ……………………………………………… 145

　　（一）外资企业在示范区经济发展中占有重要地位 …………… 145

　　（二）外资研发机构有效增强了示范区的创新能力 …………… 146

　　（三）探索了一些吸引外资企业的新途径 ……………………… 147

二、人才国际化发展情况 …………………………………………… 148

　　（一）留学归国人员有力支撑了示范区创新发展 ……………… 148

　　（二）港澳台和外国国籍人员在示范区科技创新中作用明显 … 148

　　（三）人才工程有力吸引了国际创新人才 ……………………… 148

　　（四）绘制全球顶尖技术、团队分布图 ………………………… 149

　　（五）更加注重通过培训促进企业国际化发展 ………………… 149

三、技术国际化情况 ………………………………………………… 149

　　（一）技术输出扩大了中关村的国际影响力 …………………… 149

　　（二）国际专利数量较快增长，表明国际竞争力日益增强 …… 150

　　（三）国际标准有力增强了产业发展关键环节的主导权 ……… 151

　　（四）新型研发合作模式助力技术创新国际化发展 …………… 152

四、市场国际化情况 ………………………………………………… 152

　　（一）进出口贸易依然是进入国际市场的重要途径 …………… 153

　　（二）示范区企业进出口贸易继续呈现多元化发展格局 ……… 153

　　（三）示范区企业不断探索新的走出去模式 …………………… 154

五、国际化环境建设情况 ·· 154

（一）用政策帮助企业解决国际化发展面临的突出问题 ·················· 155

（二）开展国际化前瞻性战略研究 ····································· 156

六、园区国际交流合作情况 ·· 156

（一）组织企业赴海外开展对接 ······································· 157

（二）与国际知名科技园区签订合作协议 ······························ 157

（三）积极参加、申办世界科技园区年会 ······························ 157

（四）积极组织企业参加国际知名展会 ································· 158

（五）创新办会模式，成功举办2012年中关村论坛年会 ················· 158

（六）做好外事接待工作 ··· 158

一、外资企业发展情况

目前，中关村示范区集聚了众多技术含量高、经济效益好的外资企业。这些外资企业不仅带来了国际先进的技术、理念，吸引了大量国际高端创新人才，还促进了内资企业的技术创新和发展，增强了中关村整体高技术产业竞争优势，加深了示范区及企业、科研院所、高等院校与国际的交流合作。可以说，外资企业已经全方位、深程度地推动中关村示范区创新发展、国际发展。

（一）外资企业在示范区经济发展中占有重要地位

经过多年的发展，外资企业已经成为中关村示范区经济发展的重要力量。2012年，示范区外资企业继续保持较快发展，并且呈现出企业数量稳定、规模扩大的发展态势，企业收入比重继续超过30%，工业总产值占示范区总量的近1/2[①]。

2012年外资企业主要经济数据一览表

表6-1

	外资企业			示范区
	总量	占示范区比重（%）	同比增长（%）	同比增长（%）
企业数（家）	1671	11.2	−4.2	−0.6
从业人员（万人）	45.0	28.4	5.0	14.5
总收入（亿元）	7809.5	31.2	25.3	27.4
工业总产值（亿元）	2918.1	44.9	1.1	11.4
实缴税费（亿元）	839.9	58.1	109.7	56.2
利润总额（亿元）	675.9	37.8	9.9	16.6
出口总额（亿美元）	157.1	60.0	3.2	10.3

[①]本报告所有数据均来源于中关村科技园区管理委员会。

2007年至2012年,中关村示范区外资企业经济发展呈现由快向稳、稳中趋缓的态势。6年间,总收入从4036.4亿元增长到7809.5亿元,利润总额从374.2亿元增长到675.9亿元,总体上都翻了近一番。但是,随着外资企业经济总量的上升,其占示范区经济总量的比重却在下降。例如,企业总收入、利润总额分别从2007年的44.7%、47.6%减少到2012年的31.2%、37.8%,这表明在外资企业快速发展的同时,内资企业保持了更高的发展速度,经济总量迅速增大,示范区企业所有制结构更趋合理。

从技术领域分布看,电子与信息领域的外资企业占绝大多数,其次是先进制造技术、生物工程和新医药领域。

2012年示范区外资企业技术领域分布情况一览表

表6-2

技术领域大类名称	企业数 (家)	占该领域全部 企业数比重（%）	总收入 (亿元)	占该领域总收入 比重（%）
电子与信息	984	11.6	3468.4	38.8
先进制造技术	203	13.4	3015.1	65.3
生物工程和新医药	138	13.9	334.4	30.2
新材料及应用技术	84	9.3	234.5	9.0
新能源与高效节能技术	79	8.7	471.0	15.9
航空航天技术	2	1.9	0.2	0.1
现代农业技术动植物优良新品种	14	7.4	10.8	6.7
环境保护技术	58	10.3	70.8	16.6
海洋工程技术	6	37.5	1.3	3.3
核应用技术	5	11.1	1.9	4.6
其他	98	7.9	201.2	5.2
总计	1671	11.2	7809.5	31.2

(二) 外资研发机构[①]有效增强了示范区的创新能力

作为国际创新资源,外资研发机构以其拥有的国际尖端技术、先进管理理念和智力优势,大力推进技术创新,目前已经成为中关村区域创新体系的重要组成部分,对于促进示范区产业技术竞争升级,增强区域创新能力,发挥了重要作用。2012年,中

[①]本报告中的外资研发机构有些是独立法人,但大多数不是独立法人,属于企业内部的一个职能部门。

关村示范区内外资研发机构达到 248 个，科技活动人员 2.93 万人，科技活动经费 104.5 亿元，技术领域分布格局保持稳定，近一半的研发机构集中在电子信息领域。

外资研发机构的一个特点是人员规模较大、投入较多。2012 年，中关村示范区外资研发机构人员平均规模为 118 人，比 2011 年增加了 11 人。从业人员规模前 10 位的外资研发机构中，从业人员规模均超过 600 人，高于 2011 年水平。同时，外资研发机构的科技活动经费平均支出为 4213 万元，比 2011 年增长了 23.7%，排在前 10 位机构的科技活动经费都在 7 亿元以上。

2012年外资研发机构研发经费支出前10名一览表

表6-3 （单位：亿元）

企业名称	投资国别（地区）	技术领域	研发经费
诺基亚西门子通信技术（北京）有限公司	荷兰	电子与信息	150.91
爱立信（中国）通信有限公司	瑞典	电子与信息	141.28
联想（北京）有限公司	中国香港	电子与信息	116.52
北京宇信易诚科技有限公司	维尔京群岛	电子与信息	38.00
康龙化成（北京）新药技术有限公司	开曼群岛	生物工程和新医药	35.79
鼎桥通信技术有限公司	中国香港	电子与信息	35.64
北京三星通信技术研究有限公司	韩国	电子与信息	27.91
博彦科技股份有限公司	美国	电子与信息	11.87
北京搜房网络技术有限公司	中国香港	电子与信息	10.25
北京北大方正电子有限公司	中国香港	电子与信息	7.72

（三）探索了一些吸引外资企业的新途径

随着中关村示范区国际影响力的日益提升，中关村不仅受到大型外资企业的重视，也得到了越来越多中小型外资企业的关注。2012 年，示范区抓住国外科技服务机构寻找合作伙伴的契机，分别与芬兰贸易协会、以色列施拉特公司签署了合作协议，建设芬华创新北京中心、中以创新合作转移中心。这些研发机构的建立，为吸引国际中小型高科技企业落户示范区提供了"软着陆"服务，为中关村企业发展国际化业务提供了便捷的平台。同时，也为促进示范区拓展国际化发展渠道，吸纳和整合全球高端创新资源，加快国际化发展步伐，作出了积极有效的尝试。

二、人才国际化发展情况

人才是中关村示范区的重要资源，也是实现国际化战略的必备因素。中关村始终将人才国际化作为园区整体国际化发展的先决条件，不断加大工作力度，创新工作方式，吸引集聚各方面创新人才。2012 年，重点围绕企业国际化发展需求，中关村探索了一些新途径，帮助企业人员拓展国际化视野、推进国际化发展。

（一）留学归国人员有力支撑了示范区创新发展

近年来，随着创新发展进程的加快，中关村示范区对留学归国人员的吸引力日益增强。2012 年，示范区海外留学人员总数达到 1.6 万人，增长了 17.5%，超过 2008 年的两倍。同时，学历结构进一步优化，高学历人员比重不断提高，拥有硕士及以上学历的留学归国人员数量增至 1.2 万人，占留学归国人员总数的比例上升至 77.1%，其中博士 1890 人、硕士 10529 人，分别比 2011 年增加了 142 人和 2139 人。留学归国人员的较快增加，有力提升了示范区人才国际化程度的提高，促进并带动了企业和园区的国际化发展。

（二）港澳台和外国国籍人员在示范区科技创新中作用明显

港澳台和外国国籍从业人员（以下简称外籍从业人员）是中关村示范区企业从业人员中的特色人员，对促进示范区人才的国际交流发挥了重要作用。2012 年，在示范区的从业人员中，有 7670 名港澳台和外籍人员，其中外籍专家 2319 人，约占外籍从业人员总数的 30.2%。外籍从业人员的从业领域涉及了示范区全部的十大技术，其中电子信息领域外籍从业人员数量最多，达到 4504 人，占外籍从业人员总数的 58.7%，电子信息、先进制造、生物工程和新医药 3 个领域外籍从业人员占比超过了 80%。

（三）人才工程有力吸引了国际创新人才

近年来，依托中央"千人计划""北京海外人才聚集工程""中关村高端领军人才聚集工程"等人才引进工程，中关村加快人才特区建设，努力优化人才工作政策环境，吸引集聚了数量众多的海外留学人才，特别是一批高端领军人才，有力支撑促进了示范区的创新发展。截至 2012 年底，"千人计划"全国共入选 3319 人，其中北京地区入选 902 人，其中中关村入选 604 人，占全国入选总人数的 18.2%；北京市"海聚工程"共引进 437 人，其中中关村引入 303 人，占全市的近 70%；中关村"高聚工程"分 6批引进了 137 名高端人才及其团队。这些海外高层次人才带着尖端技术或高端项目在中关村开展深化研究或成果转化，加强高等院校、科研院所、企业开展跨国跨地区的学术交流和项目共建，有效促进了中关村科技知识、信息、人才的国际化交流。

（四）绘制全球顶尖技术、团队分布图

为了站在全球产业规划的高度，对人才引进进行整体规划和把握，发现和识别先进的技术，丰富先进技术持有者和研究者的人才库储备，如实掌握人才的专业特长、技术贡献及本领域取得的成绩，中关村管委会从2012年开始筹备和论证绘制全球顶尖技术、团队分布图。2012年,结合中关村战略性新兴产业集群创新引领工程的研究成果，对引进人才目标、发现人才、人才背景研究、人才引进方式及产业规划等关键环节的实施方法进行了充分论证。

（五）更加注重通过培训促进企业国际化发展

2012年，根据企业的国际化需求，中关村管委会加强了国际化发展相关培训工作，通过组织国际化大讲堂、企业家全球化培训班、企业家出境培训班等活动，帮助企业管理者开阔视野、了解国际化发展基本情况，促进提升企业国际化发展能力。

三、技术国际化情况

近年来，随着中关村创新环境的不断优化，特别是以企业为主体的创新体系建设持续加强，中关村示范区自主创新能力进一步提高，研发输出了一批具有自主知识产权的国际先进科技创新成果，增强了示范区的国际竞争力。2012年，示范区积极探索技术研发国际合作的新形式，更加有效利用国际资源，助力企业国际化发展。

（一）技术输出扩大了中关村的国际影响力

2012年，中关村示范区技术出口合同成交额187.9亿元，占北京技术出口合同成交额的45.0%；出口目标国家数量不断增长，已出口到美国、芬兰等50余个国家和地区。从技术领域看，主要集中在电子信息技术、航空航天技术领域。电子信息技术领域的技术出口成交额达到106.6亿元，其次是航空航天技术领域，成交额为37.1亿元，占比分别是56.7%和19.7%。电子信息技术是中关村的既有优势领域，而航空航天领域的技术优势表现，体现了示范区内该领域企业较强的市场活力和技术创新能力。

2012年中关村出口技术领域一览表

表6-4

	合同数（项）	成交额（亿元）	该领域成交额占比（%）
合　计	810	187.9	100.0
电子信息技术	577	106.6	56.7
航空航天技术	9	37.1	19.7
先进制造技术	11	2.6	1.4
生物、医药和医疗器械技术	93	8.4	4.5
新材料及其应用技术	20	11.2	6.0
新能源与高效节能技术	60	7.8	4.2
环境保护与资源综合利用技术	14	13.0	6.9
核应用技术	4	0.4	0.2
现代农业技术	3	0.3	0.1
现代交通	2	0.1	0.1
城市建设与社会发展	17	0.4	0.2

（二）国际专利数量增长较快，表明国际竞争力日益增强

近年来，中关村示范区企业国际专利申请量、专利授权量增长较快。2012年，企业拥有的有效专利数中境外授权达到1553件，拥有的有效发明专利数中境外授权1386件，分别比2011年提高80.1%和78.4%。其中，企业获得欧美日专利授权数达到366件，较2011年增长29.3%。同时，欧美日专利申请数、拥有的境外及欧美日有效专利数均保持快速增长的势头。

2009—2012年中关村境外专利申请和授权情况一览表

表6-5   （单位：件）

	2009年	2010年	2011年	2012年
1.专利申请数	17226	18515	24894	34192
其中：发明专利	10554	11848	14505	20914
其中：欧美日专利申请数			578	1143
2.专利授权个数	10512	13151	12951	17969
发明专利授权个数	3925	4890	5666	7436

	2009年	2010年	2011年	2012年
欧美日专利授权个数	171	246	283	366
3.拥有有效专利数	22164	26974	35190	51928
其中：发明专利数	11611	13988	15232	23198
其中：境外发明专利数	421	546	777	1386
其中：境外授权	515	668	859	1553
其中：欧美日专利数	279	362	521	1135

从专利结构看，中关村国际专利以发明专利为主体。从2009年至2012年，在拥有有效专利数中，发明专利占比依次为90.5%、81.7%、81.7%、88.1%，始终保持在较高水平，表明境外专利整体质量高，具有较强的国际竞争力。

（三）国际标准有力增强了产业发展关键环节的主导权

2012年，中关村企业新创制国际标准16项，其中发布9项、立项7项。截至2012年底，中关村企业主导创制的国际标准累计达到103项，其中发布58项，立项45项。具体情况是：移动通信领域10项，占制修订总数的9.7%；软件领域12项，占制修订总数的11.7%；计算机及网络领域47项，占制修订总数的45.6%；新材料领域5项，占制修订总数的4.9%；环保新能源领域8项，占制修订总数的7.8%；其他领域21项，占制修订总数的20.4%。随着中关村企业深入参与到国际标准的制定和修订，打破了国外专业领域的技术垄断，增强了企业的国际市场竞争力和持续发展优势。

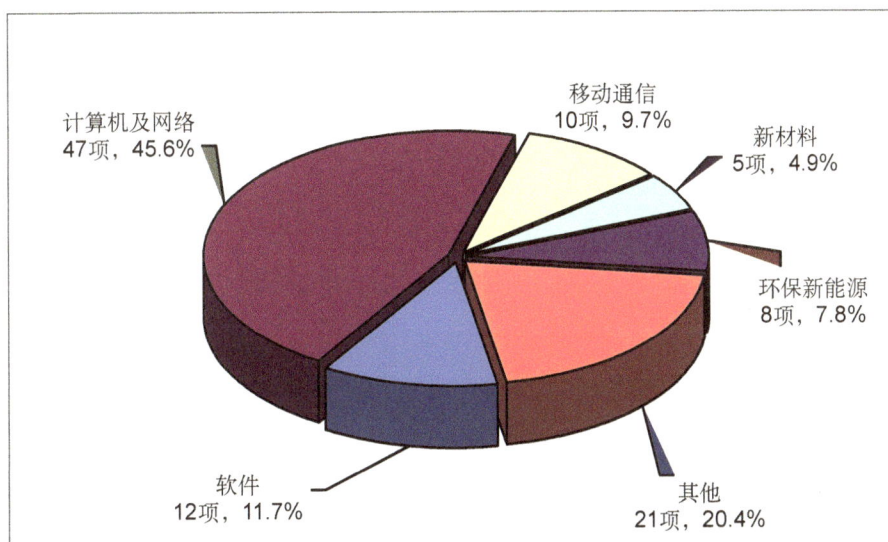

图6-1　2012年示范区企业制修订标准行业划分数据图

（四）新型研发合作模式助力技术创新国际化发展

1. 依托产业联盟加强国际技术研发合作

国际固态照明联盟（International SSL Alliance，简称 ISA）充分发挥产业影响力。加强与国际固态照明相关伙伴的沟通协调，通过参加半导体照明战略及发展大会、南非非国大商务发展论坛、中国—荷兰半导体照明部长级高峰论坛等形式，促成联盟成员内部、联盟与政府机构、政府间组织、非政府组织在固态照明产业领域的广泛合作，推动固态照明产业共性、通用、关键技术的协作创新。

2. 探索新型国际研发合作模式

通过采取联合研发、在国外建立实验网、技术引进和产业化等方式，中关村企业加强了与发达国家的技术交流和合作研发，更好地吸收国外先进技术，缩小与发达国家的技术差距。截至 2012 年底，中关村示范区共有 41 个企业国际合作项目正在进行中。从项目技术领域看，主要分布在电子信息和生物医药这两大热点领域，涉及 30 个项目。这些项目与中关村战略性新兴产业集群创新引领工程相匹配，已从中成长出一批"瞪羚企业"和"十百千企业"。

3. 谋划举办首届中关村—硅谷创新创业大赛

硅谷是全球最活跃的创新创业中心。为了更好地沟通两国创新文化，让硅谷了解中国，让中关村学习硅谷，2012 年中关村管委会筹办首届中关村—硅谷创新创业大赛。参赛企业主要是在中关村和硅谷的下一代互联网、移动互联网和新一代移动通信、生物和健康、节能环保、集成电路、新材料、高端装备、新能源和新能源汽车等产业领域的创业团队或处于早期、种子期的创业公司。创业大赛将搭建起两地创业精英的交流平台，构建跨国跨区域创新合作典范，以全新的模式对接两地创业资本、人才和市场。首届中关村—硅谷创新创业大赛启动仪式将在北京、硅谷两地同时举行，起止时间为 2013 年 5 月至 11 月。

四、市场国际化情况

近年来，中关村企业抓住深入参与国际市场竞争的良好机遇，不断扩大产品出口规模、优化产品出口结构，还积极探索走出去的新模式，在全球范围内进行技术和产业资源的配置。在努力拓展国际市场空间的同时，中关村企业也有力推动了示范区的国际化发展，提升了中关村的国际影响力。

（一）进出口贸易依然是进入国际市场的重要途径

2012 年，中关村示范区实现进出口总额 752.0 亿美元，占全市进出口总额的 18.4%，比 2011 年提高了 3 个百分点。其中，进口 490.3 亿美元，占全市的 14.1%；出口 261.7 亿美元，占全市的 43.9%。从技术领域看，主要是先进制造技术、电子与信息和新材料及应用技术。

（二）示范区企业进出口贸易继续呈现多元化发展格局

1. 进出口贸易领域多元化

2012 年进口贸易中，先进制造技术进口额为 217.6 亿美元，占进口总额的 44.4%，取代电子与信息行业成为第一位；电子与信息行业位于第二位，进口额为 148.5 亿美元，占进口总额的 30.3%，较 2011 年下降 11.8%；新材料、生物医药等领域延续较快发展势头，进口份额继续扩大。出口贸易中，电子与信息行业仍居第一位，出口额 143.0 亿美元，占出口总额的 54.6%，较 2011 年上升 7.8%，先进制造、新材料、新能源等领域出口贸易水平与 2011 年相比持平或略有上升。

2012年中关村进出口贸易技术领域分布情况一览表

表6-6　　　　　　　　　　　　　　　　　　　　　　（单位：亿美元）

技术领域	进出口总额	进口总额	出口总额
电子与信息	291.57	148.55	143.04
先进制造技术	252.13	217.63	34.5
新材料及应用技术	78.31	56.92	21.38
新能源与高效节能技术	35.05	18.55	16.49
生物工程和新医药	31.59	23.73	7.86
航空航天技术	8.25	2.53	5.72
现代农业技术动植物优良新品种	6.15	0.75	5.4
环境保护技术	3.27	2.14	1.13
核应用技术	1.75	0.34	1.4
海洋工程技术	0.06	0.05	0.01
与上述十大领域配套的相关技术产品，以及适合首都经济发展特点的其他高新技术及其产品	43.86	19.09	24.77
合　计	751.99	490.28	261.7

2. 企业的主要出口目标国（地区）日益多元化

2012 年，中关村示范区企业的主要出口地区集中在美国、欧洲、东南亚、日本和中国港澳台，与 2011 年相比变化不大。其中，欧洲市场实现出口收入 71.5 亿美元，其中西欧 16.4 亿美元，北欧 54.6 亿美元，占示范区产品出口收入的 48.6%，欧洲市场继续保持为中关村示范区的最大目标市场；美国市场实现出口收入 24.9 亿美元，占示范区产品出口收入的 16.9%，同比增加了 11 亿美元。港澳台、东南亚、日本等地区产品出口继续保持较强的增长趋势。

2012年中关村企业产品出口主要地区分布情况一览表

表6-7

	进出口总额			
	进口（亿美元）	比重（%）	出口（亿美元）	比重（%）
示范区	490.3	100	261.7	100
电子与信息	148.5	30.3	143.0	54.6
先进制造技术	217.6	44.4	34.5	13.2
新材料及应用技术	56.9	11.6	21.4	8.2
生物工程和新医药	23.7	4.8	7.9	3.0
新能源与高效节能技术	18.6	3.8	16.5	6.3
航空航天技术	2.5	0.5	5.7	2.2
环境保护技术	2.1	0.4	1.1	0.4
其他	20.4	4.2	31.6	12.1

（三）示范区企业不断探索新的走出去模式

近年来，为适应国际化发展需求，中关村示范区企业探索出了形式多样的境外发展模式，如建立生产机构、组建研发机构、拓展销售网络、共建合资公司等。2012 年，示范区企业进一步深化拓展，通过参加国际展览展会、开展海外并购、主动参与国际标准制定、设立海外孵化机构、境外设立分支机构等模式，加快企业国际化发展步伐。

五、国际化环境建设情况

近年来，在各方面共同努力下，中关村示范区国际化环境建设取得丰硕成果，国际化工作推进体系初步建立，支持和引导企业国际化发展的政策体系不断完善，为中关村企业走出去提供了有力保障。2012 年，中关村管委会以服务企业国际化发展为目标，进一步完善支持企业国际化发展的政策措施，健全政府主导、企业主体、社会中介服务组织广泛参与的工作推进体系，为示范区企业参与国际技术和产业竞争营造了更加良好的制度环境。

（一）用政策帮助企业解决国际化发展面临的突出问题

1. 出台国际化资金管理办法

为进一步支持示范区内企业、行业协会及产业联盟等相关单位开展国际合作，实施国际化战略，完善和规范有关扶持资金管理，2012年，中关村示范区研究出台了《中关村国家自主创新示范区国际化发展专项资金管理办法（试行）》，这是全国105家国家级科技园区中首个国际化发展专项支持政策。管理办法重点支持聚集国际高端资源、具有国际影响力的重大项目，符合重点培育的战略性新兴产业发展方向、能够在示范区内实现产业化并具有重要带动作用的重大项目，以及示范区重点企业开展的项目。同时，在国际市场拓展方面支持的项目包括境外设立分支机构，境外法律咨询服务；研发合作与交流支持项目包括国际研发合作，参加、举办重要国际会议等。

2. 制定实施支持企业海外并购的工作方案

为进一步支持企业通过境外投资和并购，增强配置国际高端要素和资源的能力，提升企业国际化发展的水平和核心竞争力，中关村示范区制定并出台了《关于支持中关村示范区企业境外投资和并购的意见》，包括支持并购服务中介机构在国家科技金融功能区聚集和发展、构建支持中关村企业境外投资和并购的信贷和保险等综合金融支持体系、设立中关村境外投资和并购引导基金等13项具体措施。

3. 启动实施APEC商务旅行卡

为进一步便利中关村企业人员赴APEC经济体开展商务考察、洽谈工作，2012年，中关村示范区出台了《中关村管委会实施〈北京市企业人员申办APEC商务旅行卡管理办法〉细则》。该细则主要有两个特点：一是办理旅行卡的对象范围更加广泛，示范区内的民营、台、港、澳资企业，中外合资企业，外资企业的中方（大陆）人员均可办理旅行卡；二是申办旅行卡的程序更加灵活，示范区企业可分别通过所在分园向市政府外办或中关村管委会申办旅行卡。截至2012年底，累计受理216人，已向44人发放APEC商务旅行卡。

4. 中关村海外联络处

2012年，中关村示范区新设立驻悉尼、赫尔辛基、布鲁塞尔3个联络处，累计达到10个，驻外人员增至15人。基本实现在世界主要地区、发达国家布局，形成了以驻中国香港人才联络处为枢纽，10个联络处协调运行的引才工作体系。2012年，各联络处成功组织来自美国、英国、德国、加拿大等国家和地区的 200 余名海外人才参加北京海外人才交流大会，推荐 100 余名海外高层次人才考察中关村创新创业环境，宣传示范区科技、产业、人才等相关政策，广泛联系和引领海外高层次人才多渠道参与示范区建设，积极协助中关村企业赴海外发展，为促进中关村人才特区建设和战略性新兴产业发展发挥了重要作用，进一步扩大了中关村的国际影响力。

（二）开展国际化前瞻性战略研究

1. 国际化战略研究

为从宏观和战略层面进一步明确示范区的国际化内涵和战略目标定位，以及国际化发展的路径选择等，2012 年，中关村管委会委托国务院发展研究中心进行了《中关村国家自主创新示范区国际化战略规划研究》。研究通过运用竞争优势和区域竞争等理论，在梳理和分析科技园区发展的国际发展趋势、国内发展现状和政策需求等基础上，探讨中关村示范区加速国际化的必要性和意义、深入分析决定科技园区国际竞争力的核心因素和作用机制、剖析推动科技园国际化的机遇与挑战，并以此为依据准确定位中关村示范区国际化发展的内涵、战略目标和功能定位，进一步明确示范区国际化战略的目标内涵和实现路径，并提出加速提升中关村示范区国际化水平的工作重点，以及促进支持中关村示范区国际化发展的政策支撑体系建设。

2. 研究制订企业国际化发展行动计划

为进一步支持企业拓展海外市场，加强与国际资本、外部先进技术的对接，吸引国际人才到中关村创新创业，2012 年，中关村示范区提出研究制定企业国际化发展行动计划。行动计划将从促进企业全球技术协同创新、强化科技金融服务支撑、支持企业开展海外投资和并购、支持企业引进国际高端人才和原创技术等方面，研究支持企业国际化发展的政策措施，全面提升企业参与全球科技与产业资源配置能力，抢占产业价值链的高端环节，不断服务和推进企业的国际化发展。

六、园区国际交流合作情况

加强园区层面的国际合作交流，是中关村示范区国际化发展的重要内容。近年来，中关村管委会通过积极与国际知名科技园区开展国际合作、参加各类国际展览展会、举办各类高水平国际论坛等途径，有力促进了园区层面的国际合作交流，取得了积极成效。2012 年，为进一步推动园区企业国际化发展，中关村管委会从加强对接、促进园区间交流、服务企业参加各类国际展览展会等方面，开展了一系列工作，带动企业走出去，取得了良好效果。

（一）组织企业赴海外开展对接

为进一步助推中关村企业"走出去"、丰富自身作为国际化推介平台的服务内容，2012年，中关村示范区组织中关村企业赴海外开展对接活动，先后组织了法国索菲亚科技园、德国法兰克福、美国硅谷地区、加拿大渥太华等4场对接洽谈活动，推动中外双方企业深入开展科技经济项目合作。

（二）与国际知名科技园区签订合作协议

加强与国际知名科技园区的深入交流合作，建立市场主导与园区引导相结合的创新资源配置体系，对促进国际科技创新要素和资源的优化配置，推动科技创新和区域经济协同发展，具有十分重要的意义和作用。2012年，中关村示范区先后与俄罗斯斯科尔科沃基金会和香港科技园公司签订战略合作框架协议，共同构建区域合作与互动发展的新格局。

（三）积极参加、申办世界科技园区年会

1. 赴塔林参加第29届世界科技园区年会

2012年6月，中关村管委会参加了在爱沙尼亚共和国首都塔林举办的第29届世界科技园区年会。与会期间，中关村示范区与来自美国、韩国、芬兰、泰国、澳大利亚、伊朗、台湾地区和香港地区科技园管理机构的代表进行了沟通交流，介绍了中关村的产业发展情况、管理模式和人才政策，并就园区管理经验和人才政策，特别是孵化器运营新模式、针对高科技成长企业的新商业支持模式、科技园与大学的合作与竞争等问题进行了深入探讨。通过参加年会，进一步加深了对科技园服务职能的认识，对于中关村如何更好地创造商业机会，提升成熟企业价值，培养企业家精神有了更深思考，在孵化新生创新企业，为知识型人才搭建富有吸引力空间，提升大学教育同公司用人间的协调同步性方面也有了更深入的认识。

2. 赴曼谷参加国际科技园区协会（IASP）2012年亚洲区年会

2012年11月，中关村管委会参加了在泰国曼谷举行的国际科技园区协会（IASP）2012年亚洲区年会（亚太及西亚地区联合会议），通过参加年会活动，进一步增强了对开放式创新理念的了解和认识，并依托年会活动，充分宣传中关村申办IASP 2015年年会工作。年会闭幕式上，路易斯·桑斯总干事申明亚太及西亚区正式会员会议就支持中关村申办2015年年会达成了共识，并再次明确表示他本人将尽力支持中关村的相关申办工作。

3. 积极申办 2015 年国际科技园区协会（IASP）年会

国际科技园区协会（IASP）年会每年举办一次，中关村曾于 1995 年和 2005 年成功举办了国际科技园区协会（IASP）年会。两次 IASP 年会的成功举办对推动中关村科技园区与世界科技园区加强交流，实现合作与资源共享发挥了积极而重要的作用。2012 年，中关村示范区提交了举办 2015 年国际科技园区协会（IASP）年会的申请。再次举办 IASP 年会，将对推动中关村示范区与世界科技园区加强交流，实现合作与资源共享，发挥重要的作用。

（四）积极组织企业参加国际知名展会

组织园区企业参加境外展会及组织国际交流活动，不仅帮助企业开拓了市场，还提升了中关村示范区的国际影响力。近年来，中关村管委会越来越注重组团参展工作，组织企业赴境外展览正逐渐品牌化，得到越来越多的园区企业的认同和参与，取得了良好效果。2012 年中关村示范区组团参加了 10 个国际知名展会，展览涉及消费电子产品、信息安全、信息通信、网络游戏、医疗器械等领域，展览地区分布在美国、澳大利亚、新加坡、德国等国家。

（五）创新办会模式，成功举办2012年中关村论坛年会

中关村论坛已连续成功举办了 5 届。9 月，2012 年中关村论坛在京成功举办，论坛以"科技创新与全球合作"为主题，60 余位嘉宾发表演讲。论坛吸引参会观众达 3500 人次以上，受认可程度和吸引力得到进一步提高。论坛在办会模式、品牌活动塑造、媒体报道等方面进行了创新。一是在办会模式上形成了政府、协会、企业多方参与的良性办会机制。二是以圆桌会议和中关村指数发布为重点，打造了新的品牌活动。圆桌会议邀请 20 名来自国内外政府、科研机构、企业、科技服务等领域的知名人士，就各类创新主体在全球创新合作中的作用和责任，以及如何化解创新合作难题实现共赢等问题进行了讨论。三是组委会首次启用论坛网上注册系统，提高了论坛会议注册的效率。四是在组织电视及平面媒体开展深度、专题性报道的同时，注重运用新媒体力量开展网络宣传。论坛通过媒体多形式、立体式的宣传报道，引起了社会各界的广泛关注，大大提高了论坛的影响力和知名度。

（六）做好外事接待工作

2012 年，中关村示范区共接待外事来访团组 113 个 1887 人次。其中，按级别分类，国家团组 6 个，副部级及部级团组 17 个，常规团组 90 个。按团组性质分类，政府机

构 60 个，学术团体 31 个，商业团组 22 个。来访地区和国家主要有加拿大、美国、法国、英国、韩国、越南及中国港、澳、台等国家和地区。示范区与越来越多的国家和地区开展了友好交往，扩大了国际影响，为中关村建设具有全球影响力的科技创新中心起到了重要的推动作用。

第三部分

园区子报告

中关村示范区海淀园
2013年发展报告

目　录

一、2012年海淀园发展概况 ………………………………………… **167**

　　（一）全面推进政策先行先试 ……………………………………… 167

　　（二）聚焦培育战略性新兴产业集群 ……………………………… 167

　　（三）空间释放支撑特色产业园建设 ……………………………… 168

　　（四）加快聚集科技服务要素 ……………………………………… 168

　　（五）扎实推进人才特区建设 ……………………………………… 169

　　（六）加快建设国家科技金融创新中心 …………………………… 169

　　（七）大力推广应用新技术新产品 ………………………………… 169

二、2013年海淀园工作安排 ………………………………………… **170**

　　（一）加快推进协同创新体系建设，挖掘区域创新资源优势 …… 170

　　（二）全力推进两大功能区建设，提升战略新兴产业发展品质 … 170

　　（三）全方位优化创新创业环境，激发中小微企业创新活力 …… 171

　　（四）积极推进"一城三街"建设，加快高端要素有机集聚 …… 171

　　（五）加快推进人才特区建设，打造人才发展战略高地 ………… 172

　　（六）坚持科技与金融互动发展，推进国家科技金融创新中心建设 ………… 172

　　（七）加快新的先行先试政策落地，加快推进创新驱动发展 …… 172

　　2012年，海淀园学习贯彻党的十八大和市第十一次党代会精神，全面落实全国、北京市科技创新大会《国务院关于同意调整中关村国家自主创新示范区空间规模和布局的批复》《北京市贯彻落实〈国务院关于同意调整中关村国家自主创新示范区空间规模和布局的批复〉的实施意见》，在中关村管委会等部门的直接帮助指导下，推动科技创新和战略新兴产业发展迈上新台阶。海淀园作为中关村国家自主创新示范区的核心区，创新驱动发展取得了新的成绩。截至2012年底，核心区净增国高新企业258家，总数4400家，约占全市的55%；中关村高新企业11000家。规模以上高新技术企业总收入达10548万元，首次突破万亿元，增长20.1%，占示范区的42.9%。企业科技活动经费内部支出381.49亿元，增长26.5%，研发强度达4.6%（企业内部科技活动经费支出／总收入×100%）。技术合同成交额1133.9亿元，同比增长17.2%，占全市的46.1%，约占全国的1/7。万人发明专利拥有量113件，是北京市平均水平的4倍。2012年国家科学技术奖励中，驻区单位作为第一完成单位共有59项，占北京市的65.5%，占全国的22.4%。2012年北京市科学技术奖中，驻区单位获奖87项，占全市的47.3%。

一、2012年海淀园发展概况

（一）全面推进政策先行先试

　　一是深入落实"1+6"政策。截至2012年底，累计758家企业享受研发费用加计扣除政策，25家单位参加股权激励试点，为企业减免税款1.52亿元。二是出台实施"1+10"政策。贴近企业需求，集成支持政策，聚焦支持资金，实现了海淀区面向自主创新和产业发展专项资金的统一预算安排、支持方向、申报平台、审批权限和运行流程的"五统一"管理，有效提升了专项资金的使用效率，2012年总额达到18亿元。三是全力争取新五条政策和市级层面促进中关村示范区创新发展的突破性先行先试政策率先在示范区的核心区试点。核心区支持自主创新逐步由政策点突破向制度创新改革迈进。

（二）聚焦培育战略性新兴产业集群

　　核心区对照中关村示范区"641产业集群"培育的重点任务，聚焦海淀区最具核心竞争力、市场前景广阔、产业辐射带动能力强的导航与位置服务、移动互联网与下一代互联网、云计算、集成电路、生物医药、新材料与能源环保产业以及文化科技融合产业等 7 个细分产业，着力打造拥有技术主导权的"6+1"战略性新兴产业集群。分产业看，2011 年，北京市导航与位置服务产业规模 300 亿至 400 亿元，其中 80% 以上产值及 90% 以上重点企业集中在海淀区。驻海淀区移动互联网和下一代互联网企业约3000 家，上市公司 40 家，中关村"十百千企业"近 40 家，主导创制了近 70 项国际标准和 600 项国家标准，从业人员超过 10 万人。"祥云计划"半数以上云计算企业和国家若干重点云产业企业落户在海淀区。海淀区集成电路设计业销售额占全市一半左右，全市 80 余家集成电路设计企业有 70 余家在海淀区，超亿元收入的有 19 家，北京市 4家集成电路上市企业全部集中在海淀区。海淀区现有形成销售收入的生物医药类企业500 余家，主营收入 1 亿元以上的企业 30 家。新材料、新能源产业仅次于电子信息业，是海淀区第二大优势产业，占园区总收入的 1/5。2012 年，海淀区移动互联网产业增速达 50% 以上，生物医药产业增速达 30% 以上，航空航天技术产业增速接近 20%。

（三）空间释放支撑特色产业园建设

一是全力推进科学城重大项目落地，加快建设特色产业园。截至 2012 年底，全市共有 46 家单位 48 个重点项目纳入中关村科学城建设体系，其中 41 家单位的 42 个项目落地海淀，包括 10 个产业技术研究院、1 个企业中央研究院和 31 个特色产业园，涉及新建和改造工程 74 项，总规划建筑面积约 700 万平方米，其中建设单位自用 500 万平方米，可向社会提供约 200 万平方米产业空间。二是同步推进海淀南部"城中村"整治和镇集体产业空间升级。启动玲珑巷搬迁腾退，建设中关村玉渊潭科技商务区；启动学院路科技园拆迁腾退，推进五路居地区建设 3 家央企总部办公楼；启动中关村东升科技园二期建设，规划建设海淀镇科技文化融合产业园；完成清河钢材厂周边"移动互联网产业园"主体拆迁；上述南部乡镇产业园建成后可释放约 150 万平方米产业空间。三是加快推进北部生态科技新区建设，高起点规划建设特色产业集群。"中关村移动互联网产业基地""北斗和空间信息服务产业基地"正式挂牌；同步引入产业公共服务平台，全力优化北部公共服务配套设施；截至 2012 年底，北部新区产业园区已入驻企业 600 余家，实现总收入超过 914 亿元。

（四）加快聚集科技服务要素

一是创业孵化体系加速优化。截至 2012 年底，海淀区各类创业服务机构总数达87 家，其中科技企业孵化器 41 家，大学科技园 19 家，留学人员创业园 21 家，科技企业加速器5家，高端人才创业基地1家。孵化场地总面积约200万平方米，在园企业总数达4556家，累计孵化企业7327家。二是技术交易和技术转移聚集区加速形成。2012年海淀区与北京市科委共建国际技术转移中心（鼎好大厦），首批入驻10余家知名国际技术转移机构；加上中国技术交易所、中关村知识产权大厦等知识产权服务机构，海淀区以中关村西区为中心的技术交易与转移聚集区正在逐步形成。三是产业联盟和行业协会作用凸显。据不完全统计，海淀已设立近50家产业技术联盟和30余家有影响力的产业协会；在区政府的大力支持下，它们在集合上下游企业、开展共性技术研究等方面发挥了重要的组织协调作用。

（五）扎实推进人才特区建设

一是保持高端人才聚集领先地位。累计入选"千人计划"69人、"海聚工程"157人、"高聚工程"114人，分别占全市的9%、36%和70%。二是强化高端人才储备。2012年共支持245家企业328个项目，涉及"海英计划"人才261名，支持资金7969.1万元；累计配租科技企业人才公租房5100余套，2013年将再安排1000套。三是推进"人才"为特色的孵化器、创业基地建设。海淀园留学人员创业园，已孵化上市企业7家，累计入选"千人计划""海聚工程""高聚工程"67人次。

（六）加快建设国家科技金融创新中心

一是金融机构加快聚集。截至2012年底，核心区各类金融机构总数达2026家（其中法人金融机构781家），比2011年增加180家。二是天使投资机构加速聚集。2012年，核心区股权投资机构新增131家，总数达566家，披露金额的管理资本量新增83亿元，占全市新增额的29%，累计达2013亿元；真格、海银等一批天使基金和徐小平、李开复等天使投资人向海淀聚集。三是资本市场融资获得较大发展。2012年新增A股上市公司11家，占全市同期新增量的47.83%；首发募集资金52.95亿元，占北京地区的26.89%；新增"新三板"挂牌公司53家，现存上市、挂牌公司总数达267家。

（七）大力推广应用新技术新产品

核心区统筹兼顾供给性政策和需求性政策创新，实行供求双向发力，着力在中关村科学城、北部生态科技新区等重点功能区建设上，推广应用新技术、新产品，打造智慧园区，建设美丽海淀。2012年，海淀区新技术、新产品采购额占全市的64.2%。

2012年，核心区在产业发展、创新要素聚集、产业空间调整充实、优化人才创新创业环境等方面为下一步腾飞打下了较好的基础。然而，挑战与机遇并存，核心区协同创新体系有待进一步完善，区域创新资源优势有待进一步发挥，园区融合发展水平有待进一步提升。随着中关村示范区由一区 10 园扩至一区 16 园，海淀园作为中关村示范区的核心区要进一步发挥引领示范作用，加快建设具有全球影响力的科技创新中心，需要我们在构建以企业为主体的技术创新体系上实现新突破，在构建发现和支持具有行业领先和具有核心竞争力的原创技术上有新举措，在培育和打造具有技术主导权的战略性产业集群上有新进展，在吸引高端创新要素和增强国际辐射上有新跨越。这既是我们做好 2013 年工作的重要抓手，也是今后很长一段时期我们必须坚持为之努力的方向。

二、2013年海淀园工作安排

2013 年，海淀园企业总收入要达到 11500 亿元，同比增长 15% 左右，力争实现增长 17%。总收入占示范区比重力争保持在 40% 以上。为实现上述目标，海淀区委、区政府制定并发布《进一步加快核心区科技创新发展实施方案（2013—2015)》和《海淀区关于落实中关村国家自主创新示范区建设国家科技金融创新中心的实施方案》，明确未来 3 年，要加快中关村科学城和北部生态科技新区两大功能区建设，重点实施产业领航、创新聚变、创业光合、创想圆梦、全球联动等五大工程，探索建立政府主导下的产业有序转移布局和利益共享机制、园区高科技企业发展跟踪监测和服务跟进机制、园区和乡镇产业园投资促进联动服务机制、关键核心技术协同创新和新技术新产品推广应用机制，以及楼宇投资促进机制等五大机制，加快打造国家科技金融创新中心，强化核心区发展软环境建设，为建设具有全球影响力的科技创新中心打下具有决定意义的坚实基础。为加快落实以上两个方案，2013 年，核心区建设重点推进以下工作。

（一）加快推进协同创新体系建设，挖掘区域创新资源优势

一是完善区域协同创新发展的组织体系和工作体系，全方位统筹区域创新资源，加快形成以龙头企业和产业联盟为主体的"多元、融合、动态、持续"的协同创新体系。二是加快建设产业技术研究院、技术转移中心，大力发展科研成果转化基金，加速高校院所科技成果转移转化，加快实现创新资源优势向经济优势和竞争优势转化。三是细化各产业技术路线图，完善重大科技项目跟踪对接机制，全力推动符合区域发展定位的高端项目实现"孵化器—加速器—产业园"的无缝衔接。

（二）全力推进两大功能区建设，提升战略新兴产业发展品质

一是统筹推进中关村科学城建设。完善科学城产业准入和特色产业园联合招商机

制，围绕"筛选储备一批、认定新纳一批、开工建设一批、加快推进一批、初步建成一批"的总体部署，统筹推进电信科学研究院、北航航空航天创新园、中科科仪产业创新园等重点项目建设，持续释放科学城创新能量。二是加快推进北部生态科技新区建设。建立健全土地供应与项目引进联动机制，积极推进北部四镇"一镇一园"招商工作，加快形成大上地、翠湖科技园和永丰基地创新格局；加快推进重大项目落地，推动公建项目入市，完善北部产业配套环境；以智慧海淀建设为抓手，加快搭建公共产业服务、公共技术支撑、公共商务服务等三大创新服务体系；重点建设中央、市区共建的云计算公共服务平台，引进电信研究院产业研发平台和国家软件与集成电路测试中心；加快推进"专精特新"产业集群发展，全力打造中关村创新中心区。

（三）全方位优化创新创业环境，激发中小微企业创新活力

一是实施中小企业助力计划，帮助中小企业解决人才、创新、融资、营销、运营等五大难题，支持一批"海帆企业"持续快速发展，夯实企业发展后劲。二是出台科技服务业 3 年行动计划，做大技术转移、知识产权、创业服务、科技金融等优势产业，做强研发设计、工程技术等特色产业，着力提升创新创业服务水平。三是新认定一批集中办公区，加快搭建创新创业信息服务平台，为小微企业创业提供载体和平台。四是实施知识产权战略推进计划，全面提升核心区知识产权综合运用水平。五是加强新技术新产品推广应用，建设线上线下展示交易平台，加强与上级单位、驻区部队及央企的对接，在市政设施、智慧海淀、军地融合发展等领域有计划地推广应用核心区新技术新产品。六是加快文化创意产业发展，认定一批文化科技园区和孵化器，加快推进乐视超级电视、能力天空网络教育平台、利亚德大尺寸 LED 显示屏等成果产业化，加快创意经济孵化转化平台建设。

（四）积极推进"一城三街"建设，加快高端要素有机集聚

一是加快"中关村软件城"建设。进一步细化完善规划方案，科学规划国际级软件名城建设，加快形成区域品牌效应；加快周边环境整治，打造与软件城相匹配的产业生态环境。二是加快推进以中关村西区为中心的"知识产权与标准化一条街""创新创业孵化一条街""科技金融一条街"建设；落实中关村西区业态调整政策，加快空间腾退和置换，积极营造国际化氛围，为承载高端服务机构、打造"三街"提供支撑。三是加强科技部、北京市、海淀区合作，以国际技术转移中心为基础，共建国家技术转移集聚区。四是积极争取中关村现代服务业试点。以打造"一城三街"为契机，努力提升核心区整合配置全球高端创新资源能力。

（五）加快推进人才特区建设，打造人才发展战略高地

一是继续做好"千人计划""海聚工程""高聚工程"等人才项目组织申报，聚集和培育高端领军人才。二是深入实施"海英计划"，完善具有地方特色的人才服务体系，打造核心区人才品牌。三是加快企业博士后工作站、院士专家工作站、青年英才基地等"三站"建设，充分发挥"三站"在促进产学研合作、培养创新创业人才以及推动企业发展等方面的重要作用。四是依托校企合作平台，建设高端人才联合培养基地。五是以雏鹰人才基地等创新型孵化器为载体，打造"人才、技术、项目、资本"四位一体工作平台。

（六）坚持科技与金融互动发展，推进国家科技金融创新中心建设

一是加快建设天使投资大道，支持股权投资机构聚集发展，打造全国创新资本中心。二是完成国家科技金融功能区建设方案，推进中关村西区和西直门外两个科技金融聚集区建设。三是推进科技金融综合服务平台落户海淀，加快建设互联网金融中心，满足小微企业多样化、个性化融资需求。四是支持四板市场开展业务，加快培育多层次的资本市场。五是积极服务企业上市，助推企业利用资本市场做强做大。

（七）加快新的先行先试政策落地，加快推进创新驱动发展

重点围绕推进驻区大院所成果转化、高新技术企业税收优惠、高端创新创业人才税收优惠和自由出入境以及简化与境外股权、风险投资相关的外汇管理，推动设立中关村科技银行等方面，积极争取新一轮的先行先试政策率先落地核心区，为核心区创新驱动发展注入改革新动力。

中关村示范区昌平园
2013年发展报告

目　录

一、园区总体规模稳步扩张…………………………………… 177

（一）总收入规模突破2000亿 ………………………… 177

（二）工业总产值快速增长 …………………………… 179

（三）利润连续两年超过百亿元 ……………………… 180

（四）近5年税费年均增长近30% …………………… 181

（五）出口总额增长近60% …………………………… 181

二、三大支柱产业成为园区经济重要支撑……………………… 182

（一）能源科技成昌平园第一大产业 ………………… 182

（二）先进制造领域利润增速领先 …………………… 183

（三）生物医药领域保持较快增长 …………………… 184

三、企业创新创业日益活跃…………………………………… 185

（一）创新投入稳步增长 ……………………………… 185

（二）创新要素加速聚集 ……………………………… 186

（三）专利授权量增长达60% ………………………… 187

（四）技术交易70%流向京外 ………………………… 188

（五）一批创新人才和创新成果获奖励 ……………… 189

（六）科技孵化初具规模 ……………………………… 189

四、重大项目建设进展顺利…………………………………… 190

（一）重大项目稳步推进 ……………………………… 190

（二）"腾笼换鸟"取得初步成效 …………………………………… 191

（三）未来科技城将入驻24家中央企业 ……………………… 191

（四）生命园将建成国际一流生物技术园区 …………………… 191

（五）创新基地项目建设进展顺利 …………………………… 192

五、龙头企业引领园区做强做大 ………………………………… 192

2012 年，昌平园经济总量快速增长，总收入首次突破 2000 亿元大关，比 2011 年增长超过 50%，占中关村总体比重提升至 9.4%。昌平园优势产业和龙头企业的引领带动效应明显，其中能源科技、先进制造和生物医药三大支柱产业总收入占昌平园总体的 70% 左右；北汽福田、神华华北能源贸易、神华昌运等 5 家百亿元企业贡献了园区经济增长的 90% 以上。

2012 年，昌平园企业创新创业日益活跃，创新投入稳定增长，科技活动经费支出突破 50 亿元，企业研发中心、开放实验室和博士后流动站等科技设施加速聚集。创新成果不断涌现，企业获得专利授权增长 60%，多项科技成果获得国内外技术奖励。企业科技孵化初具规模，孵化出新时代健康公司和乐普医疗等知名企业。

2012 年 10 月，中关村示范区的空间规模和布局调整方案获得国务院批准，昌平园扩园后面积达到 51.4 平方千米，超过扩园前的 4 倍，昌平南部地区整体纳入中关村核心区和北部产业带范围。在中关村"两城两带、一区多园"的发展格局中，昌平园将建设其中的"一城一带"（未来科技城、北部研发服务和高新技术产业带），未来几年昌平园将肩负起更为重要的责任与使命。

一、园区总体规模稳步扩张

（一）总收入规模突破2000亿元

近 3 年，昌平园总体规模不断扩大，总收入翻了近两番，2012 年实现总收入 2344.2 亿元，首次突破 2000 亿元大关。从增速来看，2012 年昌平园总收入比 2011 年增长 55.5%，增速领先中关村总体 18.1 个百分点，位居中关村各分园的第三位。2012 年，昌平园总收入占中关村总体的比重提升至 9.4%，比 2009 年提高近一倍。2012 年，昌平园人均效益显著提升，人均总收入达到 191 万元，近年来首次高于中关村人均总收入。

图8-1 中

图8-1 2006—2012年昌平园总收入及同比增速数据图

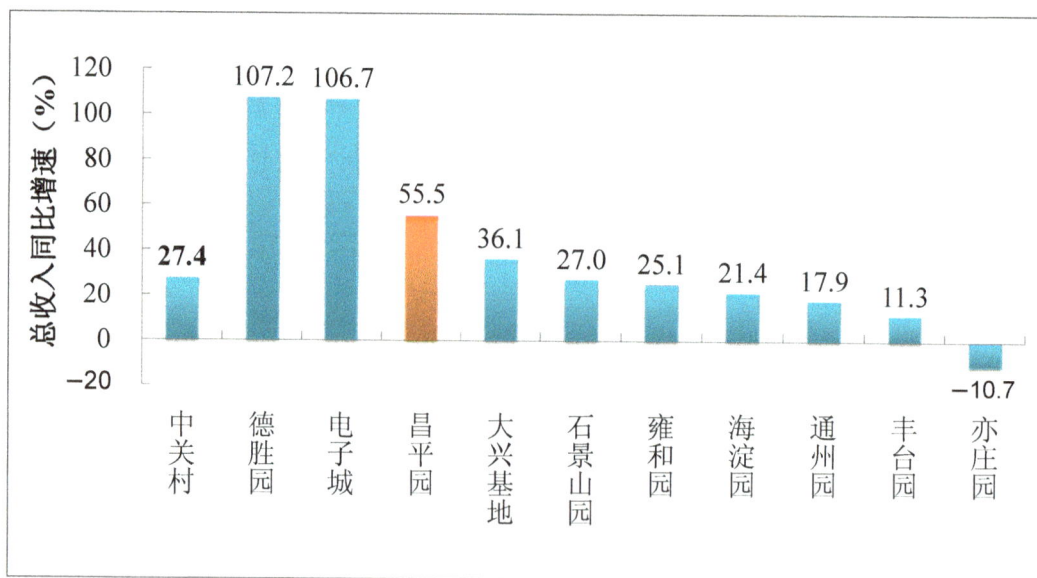

图8-2 2012年昌平园与其他园区总收入增速比较数据图

图8-3 2006—2012年昌平园总收入占中关村比重数据图

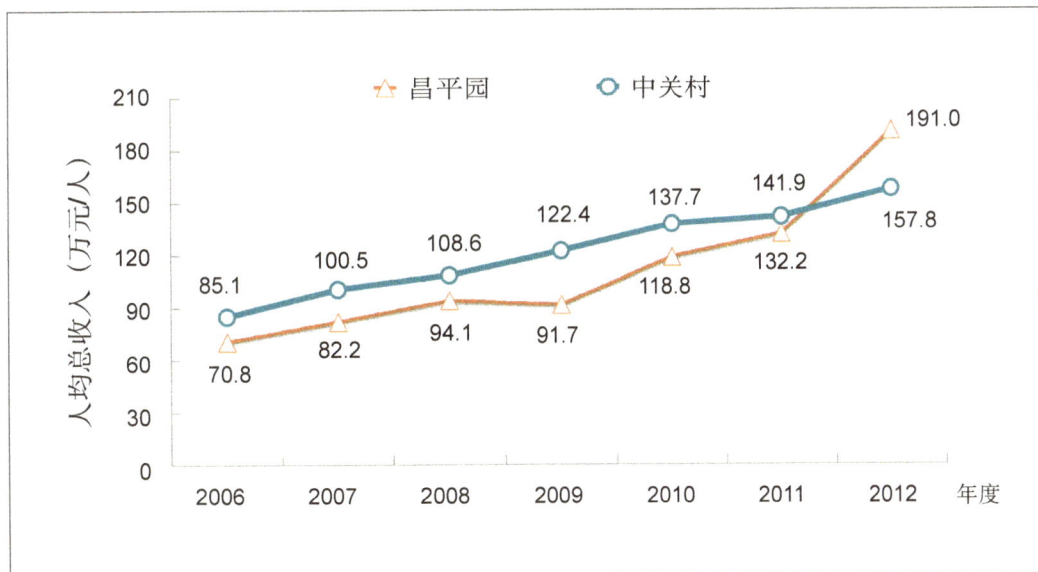

图8-4 2006—2012年昌平园人均总收入与中关村对比数据图

（二）工业总产值快速增长

2012 年，昌平园实现工业总产值 1225.1 亿元，首次突破千亿元大关，规模达到 2006 年的 4 倍。从增速来看，2012 年昌平园工业总产值同比增长 24.9%，增速是示范区总体水平的两倍以上；2006—2012 年，昌平园工业总产值年均复合增长率达 26.7%。

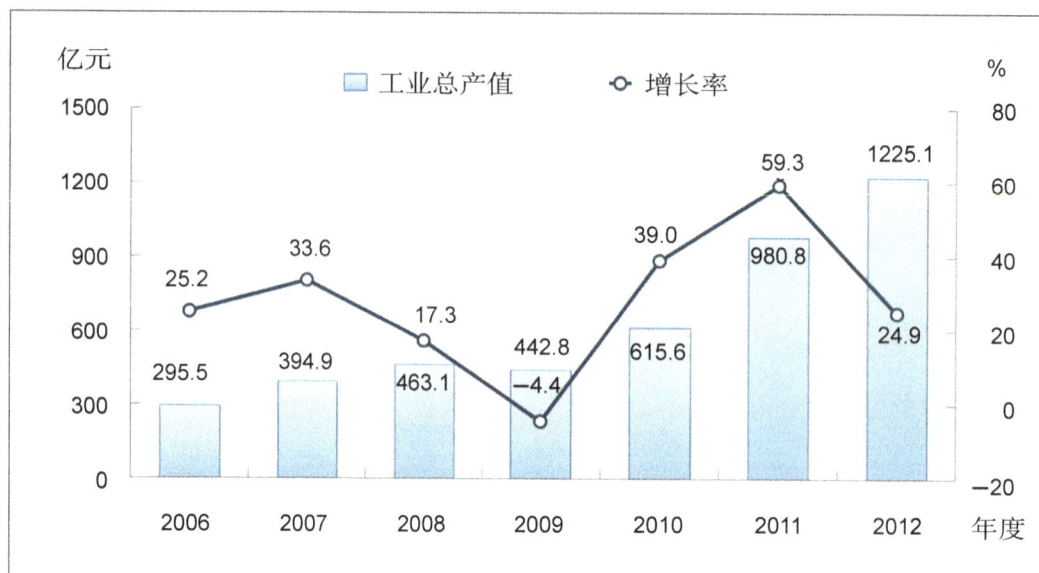

图8-5　2006—2012年昌平园工业总产值及同比增速数据图

（三）利润连续两年超过百亿元

2012年，昌平园企业实现利润总额112.8亿元，较2011年下降8.4%。增速的下降主要由于部分大型企业利润下降，若剔除国电燃料、神华昌运配煤、乐普医疗和中油测井技术服务4家利润亿元以上企业，则昌平园利润总额比2011年增长0.3%。2012年，昌平园亏损企业共计615家，亏损面为39.5%，与2011年基本持平。

图8-6　2006—2012年昌平园利润总额及同比增速数据图

（四）近5年税费年均增长近30%

2012年，昌平园企业实缴税费78.3亿元，较2011年增长7.4%。2006—2011年，昌平园实缴税费快速增长，每年增速保持在25%以上，2012年增长较为平稳，近5年年均复合增长率达27.8%。从企业来看，实缴税费较2011年出现正增长的企业有580家，占昌平园企业总数的37.2%。

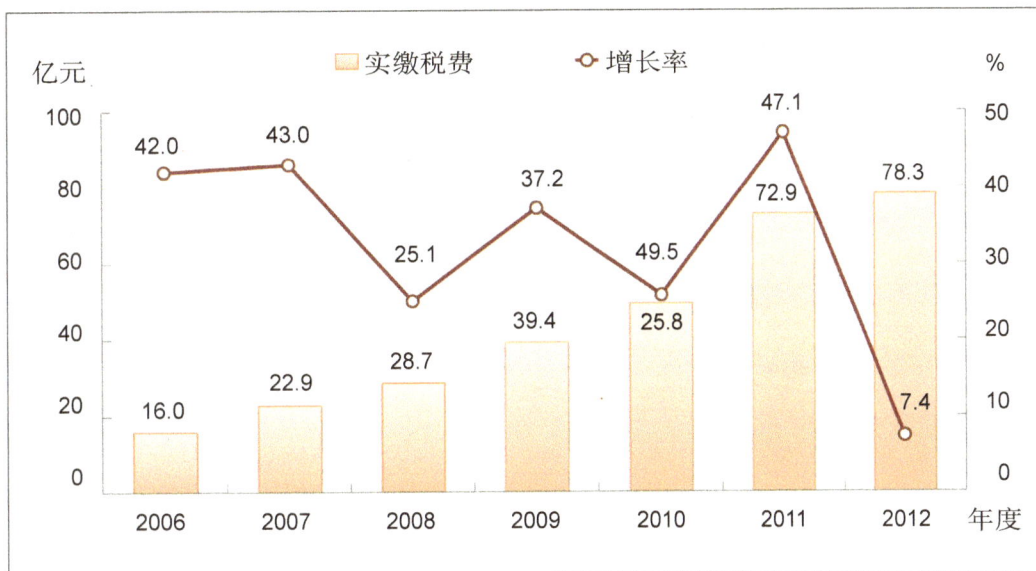

图8-7　2006—2012年昌平园企业实缴税费及同比增速数据图

（五）出口总额增长近60%

2012年得益于美国消费强劲增长和欧洲经济修复，示范区出口逐步回暖，首次实现了两位数增长。其中，昌平园表现最为抢眼，2012年实现出口总额15.2亿美元，同比增速高达59.9%，为近7年来最高增速。从企业层面来看，昌平园31家企业出口增速超过50%，占昌平园有出口企业的20%。2012年福田汽车出口超过4万辆，在商务部国际商报社举办的"最具竞争力"企业评选活动中，福田汽车被推选为"2012年最具竞争力出口企业"。

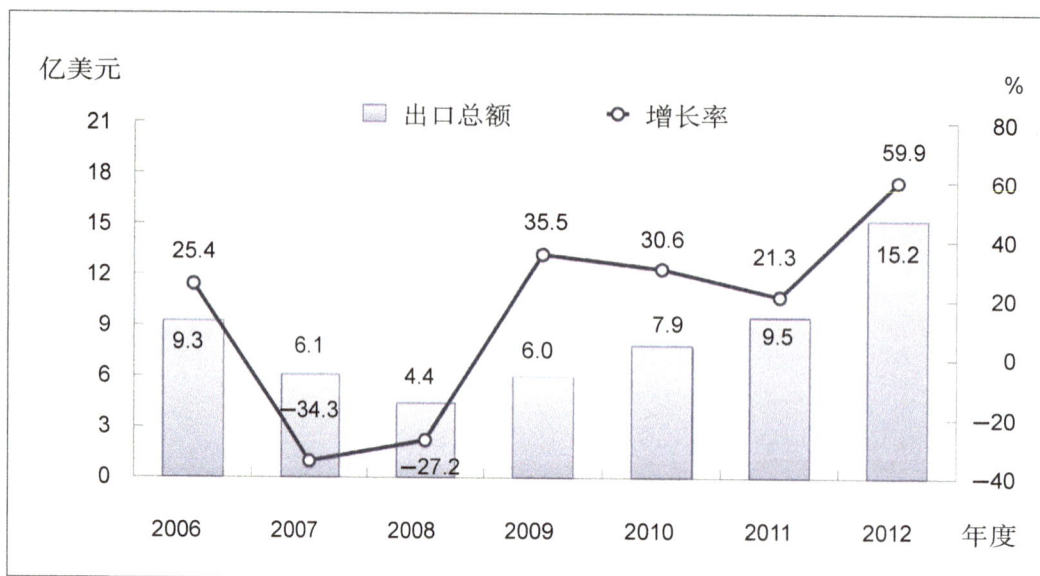

图8-8　2006—2012年昌平园出口总额及同比增速数据图

二、三大支柱产业成为园区经济重要支撑

近年来，昌平园逐渐形成以能源科技、先进制造和生物医药为支柱的产业体系，其中，能源科技成为昌平园规模最大的产业。2012年，三大支柱产业总收入合计占昌平园总体的70%左右，成为园区经济的重要支撑。

（一）能源科技成为昌平园第一大产业

能源科技产业总收入较2011年增长70%。昌平园不断发展以能源科技系统集成为核心，以提供高端产品和技术服务为目标的能源科技产业体系。2012年，昌平园纳入中关村统计数据库的能源科技企业达到358家，实现总收入1117.6亿元，同比增速高达70.4%，总收入规模占到昌平园总体的近一半。能源科技企业总收入的快速增长主要基于以下两点：一是百亿企业神华华北能源贸易总收入快速增长，二是新增了年收入50多亿元的神华物资集团。2012年，能源科技企业利润总额46亿元，较2011年下降27.7%；实缴税费25.9亿元，较2011年减少3.7%。

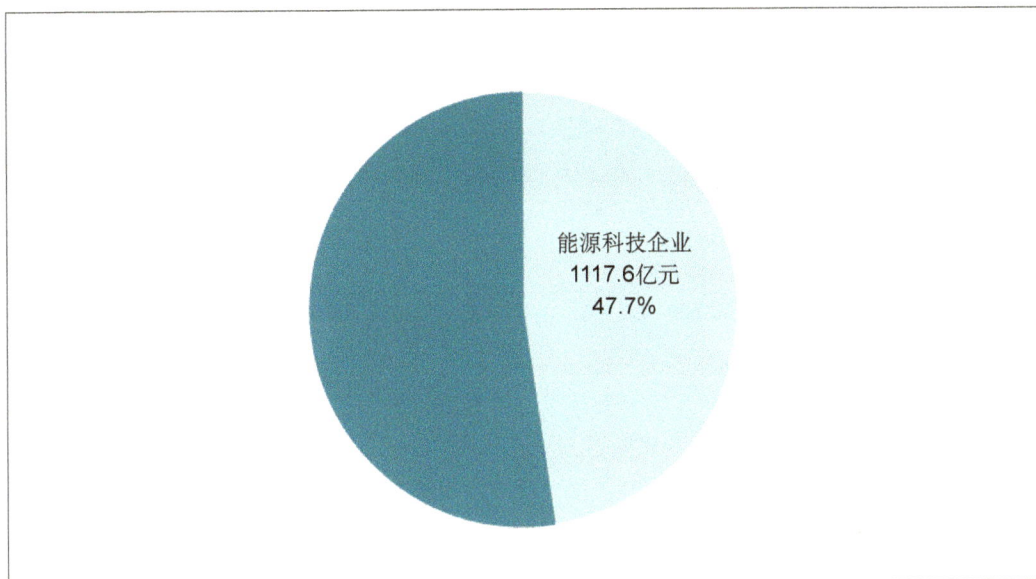

能源科技企业
1117.6亿元
47.7%

图8-9　2012年能源科技产业占昌平园总收入的比重数据图

昌平园能源科技产业既涉足石油、煤炭、电力等传统能源领域，又涉足太阳能、风能、核能、生物质能等新能源领域。传统能源领域，昌平园聚集了神华昌运高技术配煤有限公司、国电燃料有限公司、华电煤业等国内知名企业。新能源领域昌平园也聚集了一批行业内领军企业。太阳能领域，科诺伟业自主研发的变流器通过低电压穿越测试，奠定产品的国内市场领先地位；中海阳是专业的太阳能电站服务商；华业阳光在真空集热管及热水器系统市场占有率国内领先；四季沐歌是太阳能热水器十大品牌之一。风能领域，三一电气是国内领先的风机制造商；科诺伟业是风电变流器领域领先者。生物质能领域，老万生物质能公司生产的高效低排放锅炉销量居全国之首。储能领域，盟固利是目前国内唯一实现规模化生产大容量锰酸锂体系动力电池的生产厂家，也是北京奥运会、上海世博会合作企业；北大先行是我国钴酸锂主要生产企业之一。

（二）先进制造领域利润增速领先

2012年，昌平园先进制造领域整体表现良好，实现总收入539.8亿元，较2011年增长了27.9%；全年实现利润总额30亿元，同比增长24.6%，增速领先于其他重点领域。从细分来看，商用车制造和仪器仪表企业在昌平园占有重要地位，其中北汽福田在国内商用车领域市场份额居首位，博纳电气占北京居民电能表50%左右的份额，煜邦电力是远程抄表系统领域先驱。

北汽福田是我国品种最全、规模最大的商用车企业。北汽福田2009年在上海证券交易所上市，主要从事商用车及其发动机的研发、制造。福田产品全部是自主品牌，

2012 年品牌价值达 428.7 亿元。公司张建军、江荫众等人入选"千人计划",周洪波、苑学礼、李奉珠和郭祥麟等人入选"海聚工程"。2012 年福田汽车在商用车市场占有率达 16%,居国内各企业首位。

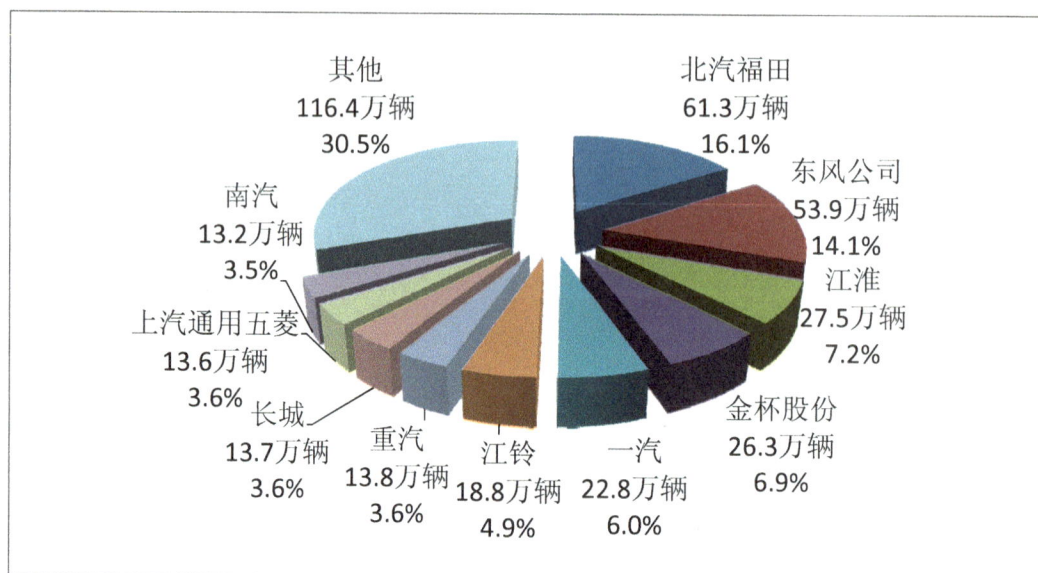

图8-10　2012年国内商用车销量及市场份额分布数据图

数据来源:中国汽车工业协会

(三)生物医药领域保持较快增长

2012 年,昌平园生物医药领域继续保持较快增长,实现总收入 129.5 亿元,同比增长 20.6%;利润增速较 2011 年有所放缓,共计实现利润 11.9 亿元,同比增长 5.2%;行业利润率达到 9.2%,整体盈利能力较好。

昌平园生物医药领域主要涵盖生物制药、营养保健品、诊断试剂、医疗设备、医药外包等方面。近几年来,昌平园涌现出诺华制药、北陆药业、中生北控、万泰生物等一大批技术创新和产业化能力在国内外处于领先地位的生物医药企业。以诊断试剂行业为例,2012 年昌平园体外诊断试剂生产企业达 21 家,产品涉及艾滋病系列诊断试剂领域、肝炎诊断试剂、人体元素检测、孕检试剂、新生儿筛查试剂等多个细分领域。其中,中生北控是国内历史最悠久、规模最大的诊断试剂企业,在国内临床生化试剂方面占有 20% 左右的市场份额。万泰生物市场占有率位居血源筛查诊断试剂领域全国首位。博晖创新在人体微量元素检测仪器产品市场占有率居行业第一位。

三、企业创新创业日益活跃

（一）创新投入稳步增长

2012年，昌平园期末从业人员达到12.3万人，连续两年超过10万人。福田汽车和中移动终端两家企业2011年纳入昌平园统计范围，带来昌平园从业人员的高速增长，2012年昌平园从业人员增长7.6%，增速回归正常增长区间。2012年，昌平园企业拥有科技活动人员2.9万人，占从业人员的23.6%。昌平园吸引了众多高端人才，截至2013年一季度，昌平园共有11人入选"千人计划"、25人入选"海聚工程"、36人入选"高聚工程"。

图8-11　2006—2012年昌平园期末从业人员及同比增速数据图

科技活动经费支出首次达到50亿元。2012年，昌平园企业内部科技活动经费支出50.9亿元，首次突破50亿元。不过，昌平园科技资金投入强度（内部科技活动经费支出／总收入）仅为2.3%，低于中关村1.4个百分点。

图8-12　2006—2012年昌平园企业内部科技活动经费支出及同比增速数据图

（二）创新要素加速聚集

昌平园科技设施集聚效应明显，为园区企业技术创新提供有力支撑。昌平园拥有 4 家国家级研发中心、万泰生物药业研发中心等 21 家北京市级研发中心；生物芯片北京国家工程研究中心等 7 家开放实验室；博士后企业分站 3 家，博士后实践基地工作站 5 家，进站人才 16 名，昌平园博士后实践基地被评为北京市唯一一家优秀基地，2 家工作站评为北京市优秀工作站。

昌平园科技设施情况一览表

表8-1

类别	科技设施名称	技术领域	成立时间
博士后流动站	北京神雾热能技术有限公司	能源环保	—
	北京万泰生物药业股份有限公司	生物医药	—
	中生北控生物科技股份有限公司	生物医药	—
开放实验室	北京蛋白质组研究中心蛋白质组学及其相关产品分析实验室	生物医药	2004年6月
	中关村生命科学园开放实验室	生物医药	2005年11月
	电站设备状态监测与控制教育部重点实验室	能源环保	2005年1月
	清华大学核环境技术实验室	能源环保	1964年1月
	北京农学院农业生物制品与种业实验室	生物医药	2012年7月
	生物芯片北京国家工程研究中心	生物医药	2000年9月
	生物质发电成套设备国家工程实验室	能源环保	2009年1月

（三）专利授权量增长达60%

2012年，昌平园企业共申请专利2745件，同比增长11.4%，其中发明专利申请978件，占昌平园专利申请量的35.6%。2012年，昌平园企业获得专利授权2118件，同比增长60.6%，增速在一区十园中排名第二。其中发明专利授权409件，占授权量的19.3%。昌平园专利申请量占示范区申请总量的9.7%，授权量占示范区授权总量的13.7%。

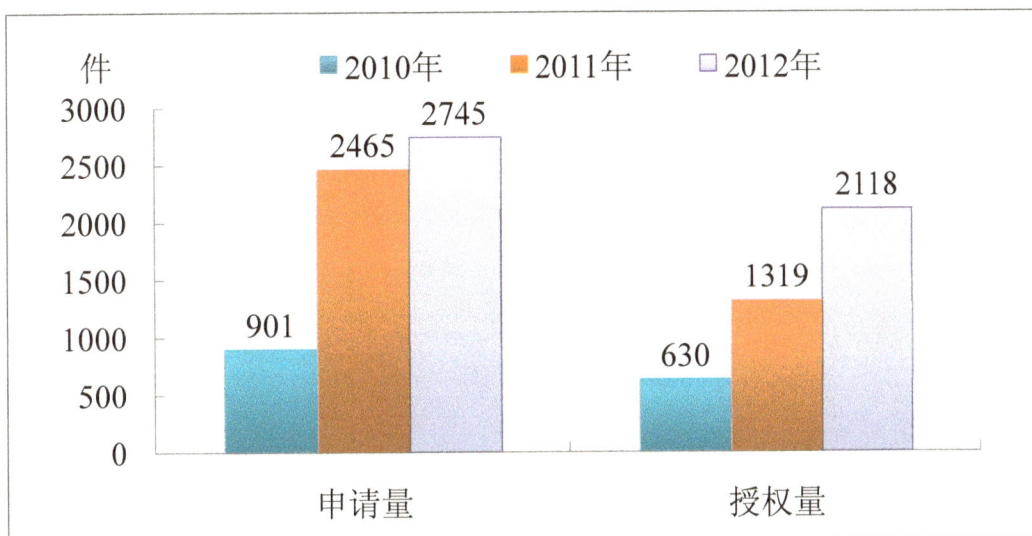

图8-13　近3年昌平园专利申请和授权情况数据图

数据来源：中关村知识产权促进局

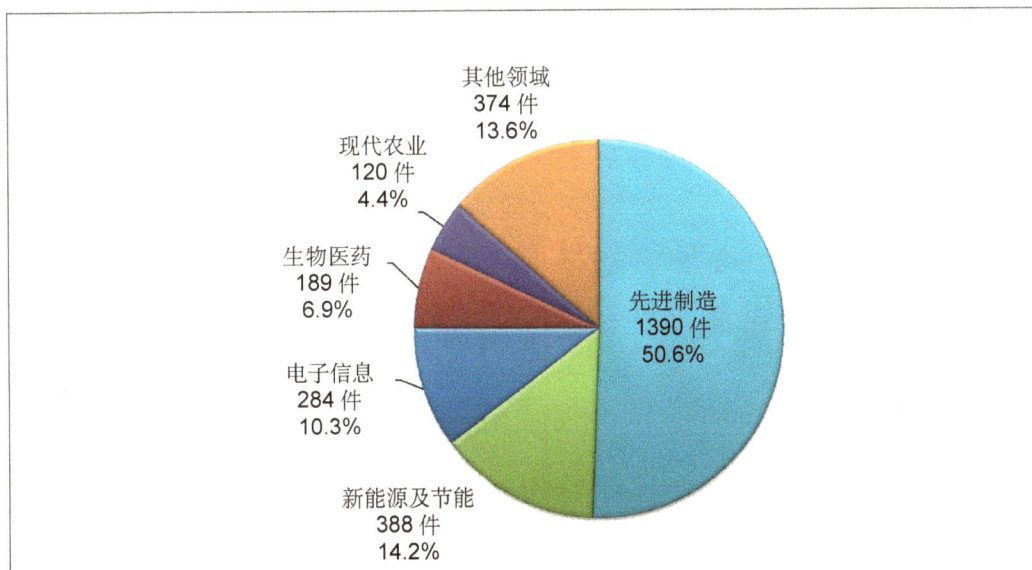

图8-14　2012年昌平园专利申请技术领域分布

数据来源：中关村知识产权促进局

（四）技术交易70%流向京外

技术输出项目数保持稳定。从项目数来看，2008 年昌平园输出技术合同近千项，随后两年出现下滑；2011 年技术交易再次活跃，项目数增速达两位数；2012 年技术输出项目数为 802 项，与 2011 年相比略有下降，但仍高于 2010 年水平。从成交额来看，2008—2011 年昌平园输出技术交易额逐步增长，2012 年输出合同成交额 26.0 亿元。

图8-15　2008—2012年昌平园技术输出项目数据图

技术流向基本呈现"三三四"格局。2012 年，昌平园技术合同输出流向北京市、技术出口以及流向外省市的成交额基本呈"三三四"格局，其中流向北京市合同成交额 7.2 亿元，较 2011 年增长 35.8%；技术出口和流向外省市成交额较 2011 年出现不同程度下降。

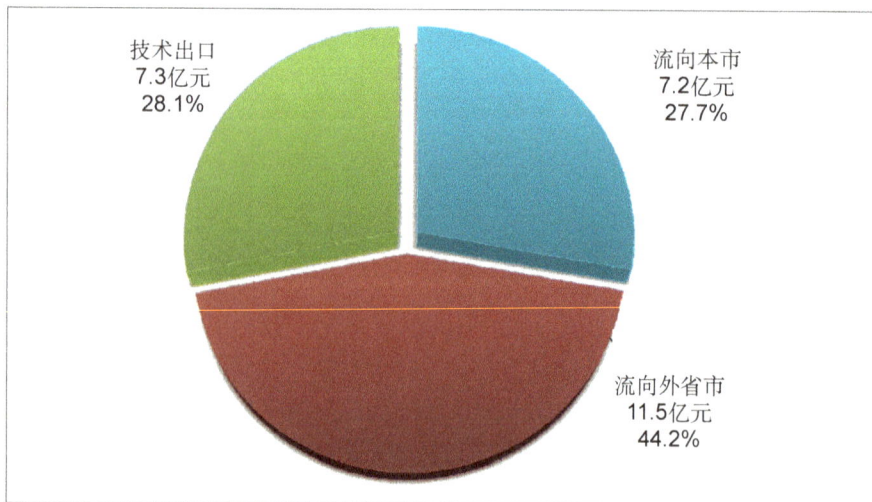

图8-16　2012年昌平园输出技术成交额流向分布数据图

（五）一批创新人才和创新成果获奖励

2012 年，昌平园多个企业和个人获得国内外科技创新奖励。1 月，首届霍华德·休斯医学研究所国际青年科学家奖颁发，在全球总共 28 名获奖者中有 4 名来自昌平园的生命科学研究所；万泰药业戊肝疫苗获得国家一类新药证书和生产文号，成为世界上第一个用于预防戊型肝炎的疫苗，这是全世界戊肝预防与控制领域的一个重大突破，其成果入选 2012 年中国十大科技进展新闻；万泰药业荣获第十四届中国专利奖金奖，示范区只有 4 家企业获此殊荣；中航天地激光科技有限公司的"飞机钛合金大型复杂整体构件激光成形技术"荣获 2012 年国家技术发明奖一等奖，该技术的使用使我国成为继美国之后世界上第二个掌握飞机钛合金结构件激光快速成形及应用的国家。2012 年 12 月，在首届中国创新创业大赛全国总决赛上，北京佰仁医疗科技有限公司凭借"复杂先天性心脏病右心室流出道修复与重建"参赛项目，最终获得企业组第一名，将获得国家 80 万元创新创业扶持资金支持。

（六）科技孵化初具规模

昌平园共有 18 家孵化器，孵化面积 140 万平方米。近年来，昌平园孵化成果逐步显现，北控高科技孵化器仅以 2 万平方米的孵化空间，创造了 60 多亿元的销售收入，培育了新时代健康公司和乐普医疗等知名企业。昌平园孵化环境逐步改善，一是孵化机构积极探索"孵化＋创投"模式。博奥联创累计投资 15 家企业，对初创企业的投资总额达 3000 万元。二是孵化机构注重公共技术服务平台建设。生命科学园搭建了生物医药平台，并建有开放实验室，提供分析检测、药物筛选等服务。华北电力大学科技园成立了技术转移中心，搭建企业与大学重点实验室技术交流平台，打造了华北电力大学研发试验服务基地，着力促进电力科技成果的转化和落地。此外，昌平园还积极参与国际交流与合作，在美国硅谷举办"昌平海外人才孵化论坛暨项目对接会"，取得了国际科技园协会（IASP）正式会员资格，成为中关村体系第五家正式会员。

昌平园孵化器可分为科技企业孵化器、大学科技园和留学人员创业园三类。

一是科技企业孵化器。昌平园拥有中关村生命科学园和博奥联创两个国家级孵化器，北京北控高科技孵化器和北京信创宇轩科技孵化器两家市级孵化器。2012 年，生命科学园、信创宇轩共获得市级支持资金 80 万元，博奥联创获得 400 余万元。

二是大学科技园（分园）。昌平园拥有华北电力大学科技园、中国政法大学科技园、北京农学院科技园、中国石油大学科技园、北京化工大学科技园（分园）和中央财经大学科技园（分园）6 家孵化器，孵化面积 67 万平方米，在孵企业 107 家，就业人数

1829 人。其中，华北电力大学科技园和北京化工大学科技园为国家级大学科技园。

三是留学人员创业园。分别是昌平园留创园、华北电力大学留创园和中关村生命科学园留创园，孵化面积 1.2 万平方米，在孵留创企业 79 家。其中，中关村生命科学园留创园属于北京市级留创园。

四、重大项目建设进展顺利

（一）重大项目稳步推进

2012 年，昌平园重大项目 11 项，总投资约 126 亿元，截至 2012 年底已完成投资 41.2 亿元，占总投资的 32.7%，总建筑面积 154 万平方米。预计到 2013 年底竣工，主体工程完工面积约 76 万平方米。其中北大国际医院、北医健康产业园、新时代健康集团科研基地项目等 8 个工程建设项目为昌平区重点项目。

2012年昌平园重大项目进展情况一览表

表8-2

序号	项目名称	总投资额（亿元）	项目进展
1	新时代健康集团科研基地项目	6.2	一期工程二次结构施工和装修
2	北医健康产业园项目	21.0	主体二次结构施工和装修
3	正旦国际生物技术药物中试大楼项目	1.0	主体工程施工，部分主体已经封顶
4	中船重工昌平船舶产业园项目	13.0	招投标
5	中科创新园一期项目	16.9	主体结构施工
6	康比特健康营养产业园项目	1.9	主体结构已经封顶
7	北大国际医院项目	44.0	装修、设备安装等外围环境施工
8	北京雪迪龙生产基地项目	3.5	开工建设
9	泰康健康管理研究中心项目	11.0	一期报竣工备案等相关手续，二期三季度开工建设
10	生命园生物技术研发中心项目	6.2	三期进行土方施工
11	中海阳新能源电力股份有限公司研发中心项目	1.5	主体结构进行施工

（二）"腾笼换鸟"取得初步成效

昌平园积极推进存量产业置换升级，引入优质高端项目，持续提升高新技术产业的总量和质量。2012 年，昌平园已经落实和确定意向的"腾笼换鸟"地块面积共 10.7 公顷，进一步提高了土地利用效率，为好的项目落地提供了空间。其中，3 月份北京福环房地产开发有限公司与中国气象局所属的风云气象科技产业园发展有限公司达成协议，利用福环公司在昌平园西区的 110 亩土地建设中国气象科技产业园，正在办理规划调整事宜；北京龙兴生物科技有限责任公司 2 公顷地块拟用于四季沐歌太阳能技术集团总部和研究院项目建设；北京开泰新技术产业公司与北京泰润创新科技孵化器有限公司达成建设企业孵化器的一致意见。

（三）未来科技城将入驻24家中央企业

未来科技城是中央为实施"千人计划"、建设创新型国家而确定的一个重大科技工程项目，其建设目标是建设"一流科研人才的聚集高地，引领科技创新的研发平台，全新运行机制的人才特区"。2009 年 7 月，未来科技城正式奠基，规划总面积约为 10 平方公里，以温榆河和定泗路为界，分为北区和南区。2011 年 12 月，入驻央企全部开工，园区公共服务配套设施同步启动建设。2012 年 3 月，未来科技城滨水森林公园动工建设。

未来科技城共入驻 24 家中央企业，一期入驻兵器装备、中国海油、国家电网、华能集团、中国国电、神华集团、中国电信、中国电子等 15 家中央企业；二期拟入驻航天科技、中航工业、兵器工业集团、中国大唐、中国华电等 9 家中央企业。

未来科技城以全力保障央企项目顺利落地为出发点和落脚点，按照"一企一策"的服务模式，目前神华集团、中国商飞项目一期已投入使用，国电项目即将入驻运行；华能集团、中国电信一期项目完成内外部装修；国家电网、武钢集团、鞍钢集团、国家核电、中粮集团 5 家央企项目全部或部分进入内外装修；中国铝业、中国电子项目、中国海油、兵器装备、中国建材等项目正在进行施工。

（四）生命园将建成国际一流生物技术园区

中关村生命科学园是以生命科学研究、生物技术和生物医药相关领域研发创新为主的高科技专业园区。国家发展改革委于 2006 年 10 月批准生命科学园为北京"国家生物产业基地"。园区以北京生命科学研究所、北京市药品检验所为基础支撑平台，以北大国际医院为临床试验平台，依托生物芯片北京国家工程研究中心、蛋白质药物国家工程研究中心等 7 个国家级工程化产业项目和美国健赞、瑞士先正达、丹麦诺和诺德等 8 家国际著名生物技术企业的研发中心，将建成集生命科学研究、企业孵化、中试与生产、成果评价鉴定、项目展示发布、风险投资、国际交流、人员培训于一体的国际一流的生物技术园区。截至 2012 年底，生命园入园单位累计达 121 家。园区现拥有 4 个国家工程研究中心、6 家博士后工作站、4 家市级企业技术中心、5 家上市企业、5 家 G20 企业。生命园留创园共吸引 13 家创业企业，其中 5 家为留学生创业企业。

（五）创新基地项目建设进展顺利

中关村国家工程技术创新基地（简称"创新基地"）位于昌平新城沙河组团西北部地区，是昌平区构建"两轴两带"的重要组成部分，也是目前正在集中推进"三城一区一基地"的重要成员。创新基地是以自主创新为龙头，以新材料、新能源、重大装备等高新技术为基础的国家级工程技术研发基地，占地面积 398.9 公顷，规划建筑面积 374 万平方米，预计总投资约 300 亿元。

创新基地内各项市政工程建设进展顺利，目前完成道路铺设全长 12.7 千米，整体路网初步形成，保证了入驻项目建设必需的市政配套及道路通行条件。创新基地大力推进重点地块土地出让工作，截至目前累计完成土地一级开发 267 公顷（建设用地 144 公顷），未开发用地 88.4 公顷。

目前确定入驻的 3 个项目中国石油科技创新基地项目、中国移动国际信息港项目、"重大工程材料服役安全研究评价设施"暨"国家材料服役安全科学中心"项目建设进展顺利。

五、龙头企业引领园区做强做大

上市企业总市值超过 700 亿元。截至 2012 年底，昌平园共有上市企业 19 家，累计 IPO 融资额 76.1 亿元。从上市板块分布来看，主要集中在国内创业板和中小板，上市企业均为 4 家。2012 年底，昌平园上市企业总市值达到 711.5 亿元，有 13 家上市企业市值超过 10 亿元，其中福田汽车和康得新市值超百亿元。2012 年，昌平园上市企业的财报合并报表收入 526.9 亿元，比 2011 年下降 13.1%，这主要是由于北汽福田年度总收入下降 106.7 亿元。2012 年，昌平园上市企业在园区范围内实现收入 463.7 亿元，对外辐射 63.2 亿元。

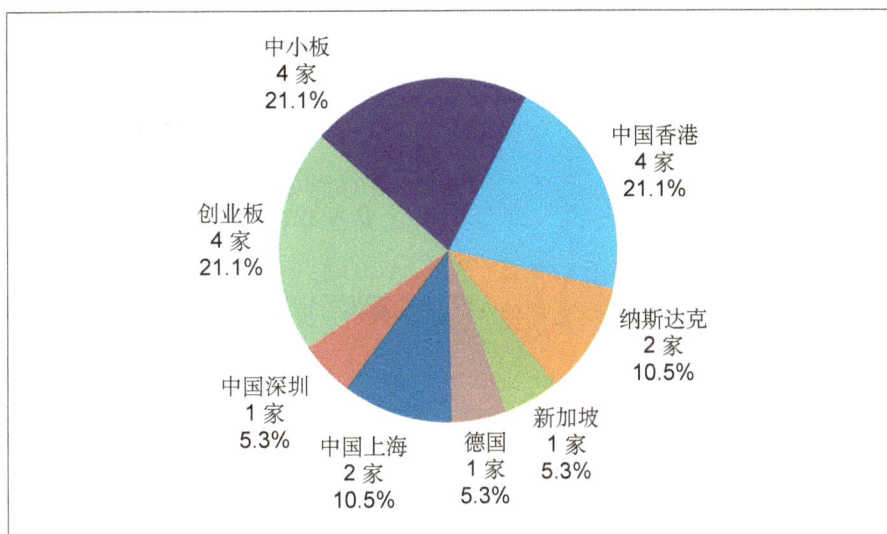

图8-17 2012年昌平园上市企业按上市地分布数据图

2012年昌平园上市企业市值前10强一览表

表8-3

排名	企业名称	上市地	总市值2012年12月31日 （亿元人民币）
1	福田汽车	上海证交所	189.1
2	康得新	中小板	150.6
3	乐普医疗	创业板	74.3
4	探路者	创业板	60.3
5	北京利尔	中小板	40.4
6	高德软件	纳斯达克	34.3
7	雪迪龙	中小板	31.4
8	二六三	中小板	25.1
9	中国软件	上海证交所	23.9
10	北陆药业	创业板	22.8

　　"新三板"累计挂牌企业14家，7年间挂牌企业总收入增长5倍。自2006年以来，昌平园"新三板"挂牌企业数稳定增长，截至2013年7月底，累计挂牌企业达14家，占中关村"新三板"累计挂牌企业数的7%左右。其中北陆药业和博晖创新分别于2009年和2012年转至创业板上市。目前，昌平园现有"新三板"挂牌企业12家，总股本5.2亿股。昌平园挂牌企业受到创业投资机构的青睐，1/3挂牌企业曾获得过创业

投资的融资。从总收入增长情况来看，2012 年，挂牌企业总收入 31 亿元，比 2006 年增长 5 倍。其中，现代农装[①]和中海阳总收入规模排在前列，2012 年其总收入分别达到 20.3 亿元和 8.1 亿元。

昌平园"新三板"现有挂牌企业基本概况一览表

表8-4

序号	企业简称	挂牌日期	总股本（万股）	主要业务活动
1	绿创设备	2006-06-07	8694	汽车环保、噪声与振动控制、废气污染治理
2	现代农装	2006-12-08	8000	农业装备、农业加工机械
3	建工华创	2007-09-28	3600	结构防水、混凝土防护、金属防护
4	富机达能	2009-11-09	1650	配电节能产品、消防器材及技术服务
5	中海阳	2010-03-19	16800	太阳能发电
6	兆信股份	2010-09-10	2944	数字化物流追踪管理、商品安全防伪服务
7	精耕天下	2012-03-12	2420	生物有机肥料、微生物制剂
8	速原中天	2012-06-08	600	冷冻真空干燥机、真空仪表
9	美兰股份	2013-07-02	1100	农药制剂产品的研发、生产和销售
10	星原丰泰	2013-07-04	1700	高频电源模块研发、生产与销售
11	奥凯立	2013-07-05	3170	油田化学剂的研发、销售及工程技术服务
12	国铁科林	2012-07-18	1100	净化水设备研发和制造

---

①现代农装拥有6家控股子公司，其中中机美诺科技股份有限公司、中机华联机电科技（北京）有限公司、中机华丰（北京）科技有限公司3家子公司在北京，2012年这3家子公司财报总收入为58167万元。

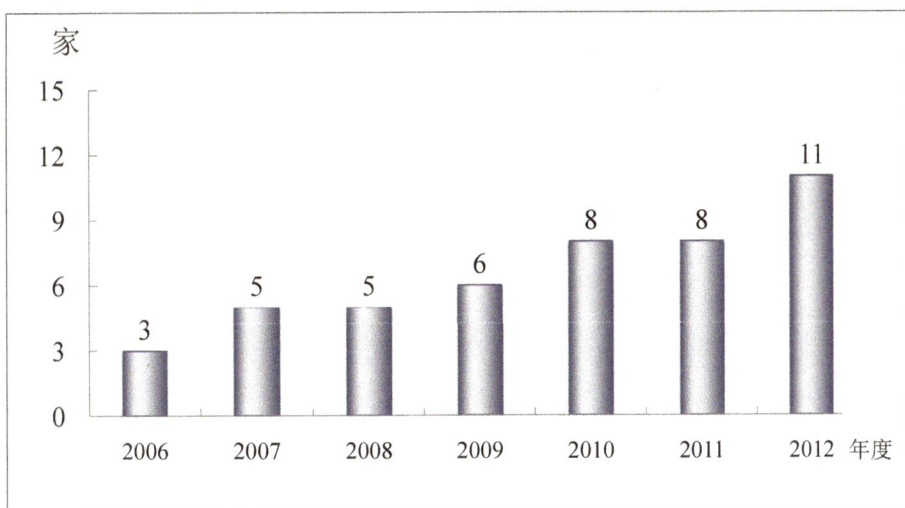

图8-18 昌平园"新三板"累计挂牌企业数据图

百亿规模企业收入占昌平园60%。2012年,昌平园收入亿元以上的企业共计147家,其中十亿元以上企业有20家,百亿元企业5家。从企业规模来看,亿元以上企业总收入2198.5亿元,占昌平园的93.8%。其中,百亿元企业实现总收入约1456.2亿元,占昌平园总收入的60%。

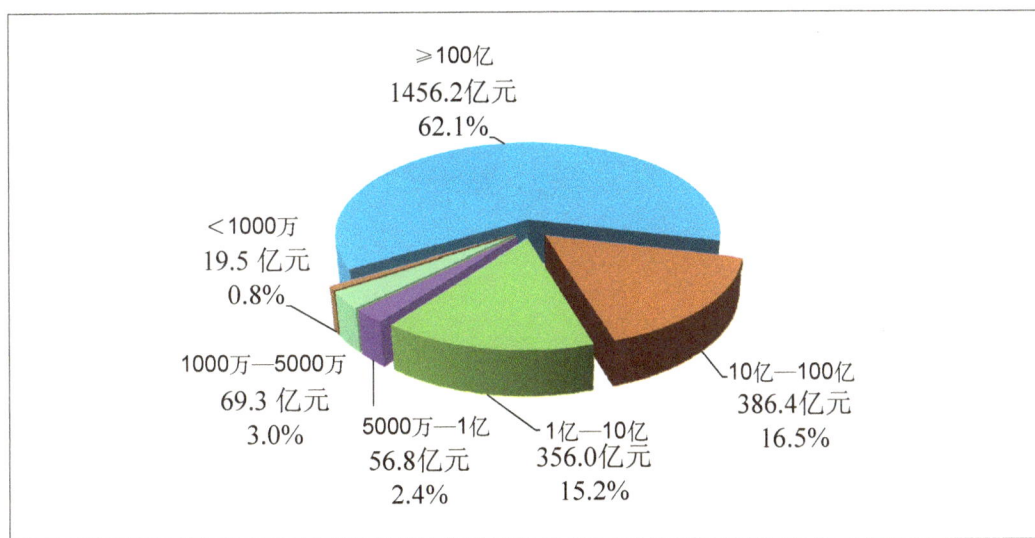

图8-19 2012年昌平园总收入按企业规模分布数据图

昌平园近60%的总收入来自国高新企业。截至2012年底,昌平园有效国高新企业①纳入中关村年度数据库的共377家,实现收入1387.8亿元,比2011年增长33%,占昌平园总收入的59.2%。有效国高新企业税费和利润分别达到52.3亿元和93.5亿元,

①有效国高新企业数来自科技部火炬中心,有效国高新企业是指截至2012年底有效的国高新企业,包括2010—2012年新认证和2012年通过复审的国高新企业。

与 2011 年相比增长不大。

"十百千工程"企业总收入超过千亿元。截至 2012 年底，昌平园共有 36 家企业入选中关村三批"十百千工程"重点培育企业。其中新能源领域入选企业数量最多，达到 11 家；其次为新材料领域，入选企业数量为 7 家。2012 年，昌平园"十百千工程"企业实现总收入 1251.3 亿元，占昌平园总体的 53.4%；实现税费 44.2 亿元，实现利润 73 亿元。

73 家企业入选重点瞪羚企业①。昌平园共 73 家企业入选中关村"瞪羚计划"重点培育企业。2012 年，昌平园重点瞪羚企业实现总收入 85.2 亿元，较 2011 年增长 11.7%。从技术领域分布来看，昌平园电子信息领域 21 家企业入选重点瞪羚企业，其总收入达到 23.8 亿元，占昌平园重点瞪羚企业总体的 27.9%。

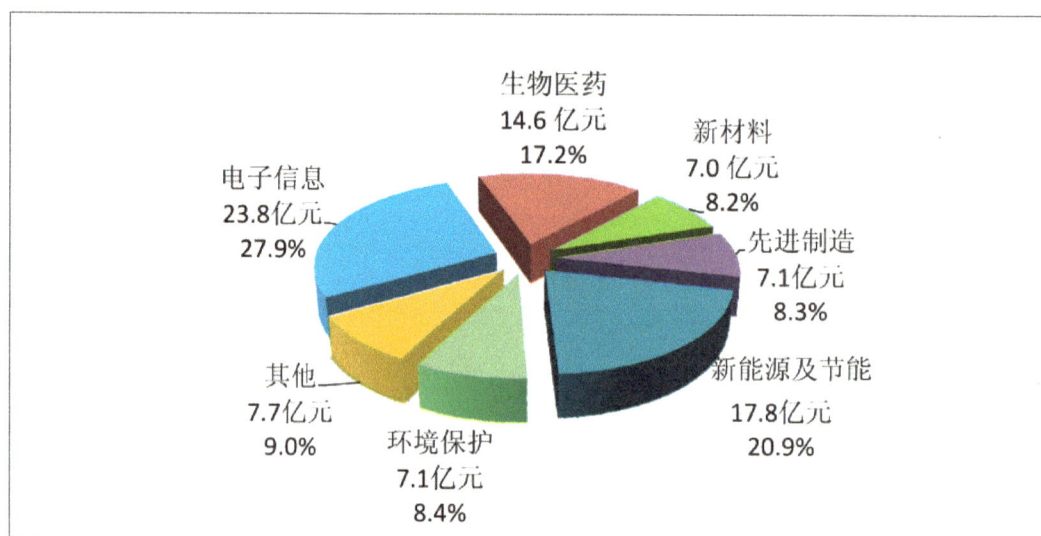

图8-20　2012年昌平园重点瞪羚企业总收入按领域分布数据图

收入倍增企业②达 41 家。2012 年，昌平园总收入增长超过一倍的企业共 41 家，其中总收入增长超过两倍的企业 15 家。从技术分布来看，收入倍增企业主要集中在电子信息、生物医药和先进制造领域。其中，电子信息领域企业 11 家，中影巴可电子公司和天龙融和软件总收入增长超过 3 倍；生物医药领域企业 8 家，爱美客生物科技、博恩特药业和百济神州生物科技总收入增长超过 3 倍；先进制造领域 6 家。

①截至2012年底，中关村示范区重点瞪羚企业共896家。
②收入倍增企业是指上年总收入超过500亿元，当年总收入增长超过100%的企业。

中关村示范区大兴生物医药产业基地 2013年发展报告

目　录

一、建设发展概况 ……………………………………………… **201**

　　（一）规划与基础建设情况 ………………………………… 201

　　（二）经济运行情况 ………………………………………… 201

　　（三）主导产业情况 ………………………………………… 202

　　（四）人才状况 ……………………………………………… 203

二、园区发展思路与举措 ……………………………………… **203**

　　（一）主导产业发展思路 …………………………………… 203

　　（二）支持企业发展的主要举措 …………………………… 204

三、代表性企业主要产品或前沿技术 ………………………… **205**

四、招商引资和项目推进 ……………………………………… **208**

　　（一）招商和项目落地 ……………………………………… 208

　　（二）项目开工 ……………………………………………… 210

　　（三）项目竣工 ……………………………………………… 210

　　（四）项目跟踪储备 ………………………………………… 211

五、园区发展规划 ……………………………………………… **211**

　　（一）产业发展前景 ………………………………………… 211

（二）产业规划论证 …………………………………………………… 212

（三）重点产业板块 …………………………………………………… 212

（四）总体目标 ………………………………………………………… 215

中关村大兴生物医药产业基地位于北京市大兴区南部，是中关村科技园区的重要组成部分。基地地处京开高速路与南六环路交会处，规划范围北起六环路，南至魏永路，西至明川大街，东至新源大街与天华大街。医药基地 2005 年取得控制性详细规划批复，2006 年纳入中关村科技园区，批复政策区覆盖面积 963 公顷。2012 年 12 月中关村空间范围调整后，政策区覆盖面积 1124 公顷。

一、建设发展概况

（一）规划与基础建设情况

截至 2012 年底，基地规划范围内累计完成工程投资约 20 余亿元。道路和专业管网方面，规划范围内规划建设道路 64 千米，各类专业管线 480 千米；截至 2012 年底已完成道路建设 44 千米，各类专业管线 198 千米。春林大街以东区域已基本完成基础设施建设，春林大街以西区域基础设施建设目前已全面启动，预计 2014 年基本完成园区道路和专业管线建设。绿化景观方面，截至目前已累计完成绿化景观工程 220 万平方米。市政场站方面，基地规划范围内计划建设变电站 4 座，其中 1 座 11 万站已投入使用，第二座电站改建工程正在实施（3.5 万改 11 万），另两座规划 11 万站预计 2013 年启动。规划建设供热厂 4 座，其中已建成投入使用的第一供热厂 2012 年底前完成改造，提高供热能力；第二供热厂计划 2013 年启动建设。

在现有规划基础上，基地拟扩区 8 平方千米。2012 年底，中关村整体扩区方案获得《国务院关于同意调整中关村国家自主创新示范区空间规模和布局的批复》（国函〔2012〕168 号）。目前基地正在开展扩区城市及产业规划研究、城乡统筹发展研究、资金筹备等前期工作。

（二）经济运行情况

2012 年，基地完成总收入 115.9 亿元，同比增长 28.1%；实现工业总产值 83.3 亿元，同比增长 9.3%；完成税收 4.2 亿元，同比增长 44%；财政收入 6530 万元，同比增长 69.6%。2013 年，计划完成总收入 160 亿元，同比增长 38%；实现工业总产值 120 亿元，同比增长 44%；完成税收 6 亿元，同比增长 43%；财政收入 7771 万元，同比增长 19%。

基地经济运行呈现以下特点：

1. 指标发力在即，预计2015年显著增长

基地自2010年以来招商引资不断取得突破，华润、同仁堂"航母型"企业集团，神威、科创等行业领先企业，以及费森尤斯等国际知名企业先后入驻园区。由于生物医药企业普遍周期较长，产品自研发、中试、临床、药证审批到规模化生产和市场营销，项目自基本建设手续至GMP认证，均需要较长的时间，因此基地的招商成果转化为产出效益还需要一定的周期。2013—2014年重点项目将陆续建成，预计2015年基地经济效益将实现显著增长。

2. 生物医药企业经济效益普遍较好

基地生物医药企业特别是亿元以上重点企业生产经营情况普遍较好。以岭药业自2009年投产以来，产品市场情况良好，订单日益增长，2012年企业已进入满负荷生产状态，产值突破6亿元；协和药厂、联馨药业等一批亿元以上重点企业实现了20%以上的增幅。

3. 高新技术企业带动作用显著

截至2012年底，基地高新技术企业60家，占入统企业总数164家的37%；实现总收入67.3亿元，占总量的58%；实现产值64.1亿元，占总量的77%；实现利润7.07亿元，占总量的95%；高新技术企业的带动作用日益显著。

（三）主导产业情况

医药基地以生物医药为主导产业，从首都资源条件、产业导向出发，加强招商引资的针对性，构建"1+4+2"的特色产业格局，在各个板块聚集了一批领先企业和项目。

1个核心板块：抓住国家加大投入、加强药物研发能力建设的机遇，引进中国食品药品检定研究院、中国医学科学院、中国中医科学院，形成医药研发及检验机构板块。

4个主体板块：一是抓住国家疫病防控和生物技术、生物制药大发展的机遇，引进民海生物、康泰生物等研发型企业，建立涵盖疫苗、蛋白药物、抗体药物等产业门类的生物制药板块；二是抓住中药专利药和中药文化发展的机遇，引进同仁堂、以岭药业、康美药业、步长制药、神威药业5家国内排名前10的中药企业，带动形成现代中药板块；三是抓住国际重磅专利药陆续到期、仿制药面临大发展的机遇，引进协和制药、悦康药业等创新研发及产业化能力一流的化药企业形成创新化药板块；四是抓住北京医疗器械产业加快发展、在国内优势地位不断提升的机遇，引进大基医疗、麦邦电子、四海华辰等高科技含量、高附加值项目，形成医疗器械板块。

2个拓展板块：一是发展保健品产业，引进同仁堂健康等品牌保健品企业，形成"大健康"板块；二是依托国家兽医微生物中心、国家动物疫病预防控制中心等机构，引进大北农、生泰尔等动物疫苗龙头企业，形成动物疫苗及动物用药板块。

（四）人才状况

截至2012年底，基地拥有稳定就业人员8892人，大专以上学历3169人，占就业人数的36%，中级以上职称537人，占就业人数的6%；其中，有留学人员45人，中国工程院院士1人，入选"千人计划"1人、"海聚工程"1人、中关村"高聚工程"3人。

基地借助中关村人才服务平台，落实了"千人计划""海聚工程"、中关村"高聚工程"、留学人员创办企业、大兴区鼓励创新创业、高层次人才等人才政策。截至目前，北京民海生物有限公司的邹长坪入选"海聚工程"；北京以岭药业有限公司的吴以岭院士，北京华脉泰科医疗器械有限公司总裁杨凡、董事长肖家华入选"中关村高端领军人才"；北京以岭药业有限公司总经理吴相君、北京红惠新医药有限公司刘晔博士入选大兴区海外高层次人才。

二、园区发展思路与举措

（一）主导产业发展思路

进一步整合国家级机构资源。基地聚集了一批生物医药产业核心机构，包括中国食品药品检定研究院、国家兽医微生物中心、中国医学科学院药物研究院、中国中医科学院等；发挥整合首都高端产业要素的作用；充分发挥北京产业资源优势，把创新优势、审批优势、人才优势转化为产业优势。

整合龙头企业集团，推动产业集中度的不断提升。目前，基地已成为华润北药、同仁堂集团产业整合的战略支撑平台，成为北京市培育生物产业"航母型"企业的重要平台，要进一步发挥龙头企业的带动作用，促进产业集群的集中、集聚发展。

整合国内优势产业转移。医药基地承载了一批外省市的产业转移项目，其中包括以岭、步长等国内龙头企业，推动生物产业向国家生物产业基地转移，进一步吸引国内优势生物医药产业项目向北京集中。

整合成果转化资源，提升北京的创新产业化能力。北京研发资源丰富，创新优势显著，但在产业化上存在一些短板，成果本地转化率偏低。基地把产业化作为一项重要职能，推动创新型企业的壮大发展。例如民海生物，在基地的扶持下，一批自主研发品种已进入试生产阶段，2013年起将进入快速发展阶段。

整合产业链上下游资源。把产业链建设作为推动产业集群发展的中心途径，以完善的产业生态系统进一步提升园区的核心竞争力。

（二）支持企业发展的主要举措

1. 搭建公共服务平台

医药基地充分利用园区现有资源，与企业合作搭建公共服务平台，为园区企业乃至北京市医药企业进行服务。一是委托企业建立专业技术平台。与四环科宝制药有限公司搭建抗感染药物公共服务平台；与以岭药业有限公司搭建中药质量控制公共服务平台；与协和药厂搭建现代中药新药研发中试技术平台；与民海生物科技有限公司搭建基因工程药物研制公共技术服务平台；与中美冠科科技有限公司搭建创新型人源性动物肿瘤模型药效学评价平台。二是基地与企业联合搭建服务平台。基地与以岭药业联合搭建了生物医药服务外包平台，该平台列入北京市科技计划支持项目，可为医院自有制剂、中药企业创新品种提供孵化和产业化服务；基地发挥资源整合优势，为平台建设和运行提供协助。与麦邦光电联合建立智能化自助健康监测检测服务平台，在全市各区县建立"健康小屋"，为居民提供健康检测服务，同时进行健康信息收集和分析，为医疗机构和制药企业提供参考。基地协助麦邦申请政策或资金支持，并协助麦邦加强项目的宣传推广。

另外，医药基地正在筹建中关村生物医药基地生产力促进中心。该中心将以市场需求为导向，开展国际国内生物医药产品的注册政策、技术标准和市场需求的研究，搭建国际生物医药企业交流平台，促进国内生物医药企业走向国际市场。目前已组织完成了 5 个中药品种的国际注册，另有 3 个品种已达成合作开发意向。

在搭建技术服务平台的同时，基地加快标准厂房和孵化器建设，促进创新型中小企业的入驻。基地已建有 12 万平方米孵化器投入使用；4.7 万平方米 2012 年下半年启动建设，2014 年建成。同时，将园区企业建设的 8 万余平方米标准厂房纳入统一管理，统一进行招商，进一步扩展了中小企业入驻空间。

2. 人才引进支撑

一是对接企业劳动力需求。医药基地主动出击，随时掌握园区企业的用工需求，针对企业的要求，与周边镇的劳动部门协调，有针对性地组织招聘会，满足企业的用工需求。此外，与相关职业技能培训学校联系，加强对劳动力的技能培训，为企业提供符合要求的劳动力，并协助企业进行员工技能培训。二是提供公租房保障。园区为重点企业人才引进提供居住保障，对重点企业的高层次人才提供廉价的"人才公租房"，解决后顾之忧。目前，园区已有 50 套人才公租房投入使用、30 套人才公租房于 2014 年即将建成；另外，未来将进一步在基地东配套区安排 8 万平方米、1000 余套公租房，进一步满足企业日益增长的公租房需求。三是对接区域教育资源。基地对接区域教育资源，帮助企业解决高管、高级人才的子女教育问题。

3. 落实产业政策和资金扶持

为更好地为企业服务，园区充分利用中关村、北京经济技术开发区、经济和信息化委、科委等部门的产业扶持政策，为企业争取扶持资金。一方面，医药基地通过网站发布公告、发送邮件通知、组织政策宣讲会，走访园区企业等方式，及时将产业政策告知企业，使企业更好地了解政策，扶持企业发展。另一方面，在国家、北京市、中关村管委会及大兴区出台各项资金扶持与奖励政策时，及时组织符合条件的企业进行申报，政策内容涵盖贷款贴息项目、保增长项目、"十百千工程"专项资金、中关村专利促进资金、大兴工业发展基金项目等。近几年来，每年为企业落实扶持资金在5000万元以上。

4. 推动银企对接，帮助企业解决融资难题

医药基地主动与企业沟通，随时了解企业的融资需求。针对企业的需求，积极与银行联系，为企业与银行牵线搭桥，通过组织银企洽谈会等方式，为企业融资提供便利。

5. 强化企业建设和生产经营中的跟踪服务

自企业入驻园区、启动项目建设开始，基地为每个项目安排项目服务专员，为项目建设各项手续提供全程跟踪和协调服务；在各委办局的大力支持下，建立一系列绿色通道，联合开展现场办公，优化手续流程，提高手续办理速度。对于建成企业，基地保持一对一跟踪，及时掌握企业生产经营动态，帮助企业解决各类问题和困难，促进企业效益的不断提升。

三、代表性企业主要产品或前沿技术

代表性企业主要产品或前沿技术一览表

表9-1

序号	企业名称	创新产品、前沿技术	简介
1	北京协和药厂	国家一类新药双环醇片	双环醇片是由中国医学科学院药物研究所研制的、由北京协和药厂独家生产并具有独立自主知识产权的抗肝炎创新药物，获2006年度北京市科学技术一等奖、2007年度国家科技进步二等奖，在16个国家和地区获得化合物专利保护。该药对慢性肝炎及药物性肝损伤病人的肝功能异常有明显改善作用，临床未发现明显的不良反应。目前该品种（商品名百赛诺）已进入国家和各地区的《基本医疗保险和工伤保险药品目录》乙类，成为国内抗肝炎药物的主流产品。此外，双环醇片已打入国际市场，在乌克兰、哈萨克斯坦、乌兹别克斯坦、吉尔吉斯斯坦、塔吉克斯坦等国销售，并在韩国、俄罗斯等国注册，双环醇片上市国内外总销售额超过13亿元

序号	企业名称	创新产品、前沿技术	简　介
2	北京以岭药业有限公司	参松养心胶囊、连花清瘟颗粒；络病理论	创建了中医络病理论，是中医基础学科的第四大学科，成为中医发展的里程碑。并以此为指导，对心脑血管、呼吸系统和糖尿病等防治提出新思路和方法，进行原创组方并研发自主创新中药10个，其中过10亿元品种1个，成为国内为数不多的大品种之一。获得国家科技进步二等奖5项、中国专利优秀奖1项
3	北京民海生物科技有限公司	15价肺炎球菌结合疫苗、13价肺炎球菌结合疫苗、冻干b型流感嗜血杆菌结合疫苗、四价脑膜炎球菌结合疫苗（已获得临床批件）、b型流感嗜血杆菌结合疫苗(已上市) 等	"无细胞百白破b型流感嗜血杆菌结合疫苗"为国内首创，填补了国内空白，国家"863"计划课题成果，获得国家发明专利，列入北京市2009年重大成果转化落地项目和国家工信部2011年重大科技成果转化项目。"麻疹风疹联合减毒活疫苗"与传统单价疫苗相比减少了接种次数，同时避免了异种蛋白的重复积累，减少了副反应发生的概率。安全性和有效性已超过国外同类产品水平
4	中国北京同仁堂（集团）有限责任公司	巴戟天寡糖胶囊；大蜜丸自动扣壳、蘸蜡及移印技术	"十一五"以来北京同仁堂累计开发上市新产品260余种，重点品种包括国家"十五"科技攻关重大项目品种、国内首个用于抑郁症治疗的有效部位制剂巴戟天寡糖胶囊，北京市"十病十药"项目首个上市品种止渴养阴胶囊，国内首批中药泡腾片品种抗感泡腾片等。在新产品开发取得丰硕成果的同时，同仁堂在中药生产关键技术的工程化研究方面取得突破性进展，经过多年的探索、研究，大蜜丸自动扣壳、蘸蜡及移印技术相继开发完成，在国内首家实现了大蜜丸扣壳、蘸蜡、打金戳、装盒的自动化生产，极大地提高了传统丸剂的生产效率
5	北京华脉泰科医疗器械有限公司	主动脉覆膜支架输送系统；微创腔内治疗主动脉瘤和主动脉夹层技术	"主动脉瘤和主动脉夹层腔内（微创）修复系统"用于主动脉血管病变的治疗，具有自主知识产权，获国家授权专利6项，达到国际领先水平，填补国际上微创腔内治疗主动脉夹层的空白，提升中国在该领域的国际地位。该项目能更有效地治疗主动脉瘤和主动脉夹层，解救患者的生命，减少患者的痛苦，提高患者的生活品质
6	悦康药业集团有限公司	枸橼酸爱地那非、银杏叶提取物注射液、注射用头孢曲松钠舒巴坦钠、注射用头孢噻肟钠他唑巴坦钠	企业被美国《福布斯》评为2008、2010"福布斯中国潜力企业"，列入中关村"十百千工程"百亿元级重点培育企业和北京G20企业，2011、2012年连续两年被评为医药研发十强企业。研发团队拥有新药开发的全套试验仪器、设备及实验场所，搭建了微丸缓控释制剂研发服务平台、新型抗生素产业化服务平台、多肽药物制剂研发服务平台、复杂药物及疾病的药理评价服务平台，开展抗生素头孢制剂、消化系统微丸缓控释制剂、多肽药物制剂以及复杂药物及疾病的药理评价的研究，每年能产生2—5个创新药品。目前企业拥有4个国家一类新药及60余个在研品种

序号	企业名称	创新产品、前沿技术	简　介
7	北京康美制药有限公司	菊皇茶；生产全过程控制技术、中药电子商务交易服务系统	我国中药饮片龙头企业，业务涵盖中药全产业链的现代化大型医药资源型企业、国家重点高新技术企业。公司现有总资产194亿元，净资产110亿元，员工5000多人。2012年实现销售收入111.6亿元，利润14.4亿元，上缴税收5.7亿元，股票市值超400亿元
8	北京四环科宝制药有限公司	注射用尼可地尔	国内首家上市注射剂型，适应证患者人群庞大，潜在市场规模可观，为"2012年中国十大重磅处方药"
9	北京五和博澳医药科技发展有限公司	桑枝总生物碱片、紫杉醇脂肪乳注射液、黄芩素及其脂肪乳注射液	桑枝总生物碱片：十二五重大专项项目，入选北京"十病十药"，有望成为中药现代化新标杆；紫杉醇脂肪乳注射液：被动聚集和主动靶向分布，耐受剂量大大提高，毒副作用显著降低，创新水平国际领先，有望发展成具有国际影响力的重磅炸弹创新制剂产品；黄芩素及其脂肪乳注射液为化药1.1类新药，具有自主知识产权，国内首创抗病毒化学药物
10	北京诚益通控制工程科技有限公司	生物隔离器RABS、MES信息管理系统、固体制剂自动化信息管理系统	国内最早将无菌隔离技术与无菌产品生产工艺成功结合的企业，公司生产的无菌隔离系统在制药行业得到广泛的应用，使药品生产无菌保障得到了显著提高。MES是近10年来在国际上迅速发展、面向车间层的生产管理技术与实时信息系统，针对生物医药企业进行了改进，提高管理水平和产品质量
11	北京斯利安药业有限公司	斯利安叶酸片、金斯利安多维叶酸片、藻油DHA乳钙粉、松果菊苷片（脑清智明片）	斯利安叶酸片缔造了0.4mg的叶酸增补剂标准计量，市场占有率第一，被国家列入"十年百项科技成果推广项目"计划，被国家人口计生委、卫生部、全国妇联、全国残联列为重点推广项目；藻油DHA采用独有的单层包埋以及喷雾干燥技术
12	北京麦邦光电仪器有限公司	心脏体外自动除颤器（AED）、社区自助健康检测服务系统	麦邦心脏体外自动除颤器为国内首创产品，2010年获得欧盟CE认证，产品远销德国、法国、英国、美国等10余个国家和地区；接受来自欧洲、东南亚、澳洲等地区的AED样机测试订单40余家。麦邦"健康小屋"为国内首家大规模社区医疗监测管理系统，实现居民全方位的健康状况监测，城乡居民慢性病筛查等公共卫生服务功能，已应用于北京市16个区县的300多个社区，并在黑龙江、上海、南京、四川、江苏、浙江等地建立了示范中心
13	新和成万生药业	非诺贝特（IV）片；盐酸曲美他嗪片（泽维尔）；复方α-酮酸片（科罗迪）；拉米夫定胶囊（万生力克）	万生药业实现销售收入复合增长率48%的业绩，成长性在北京制药企业中排名第一。2010年成为首批北京G20企业，并被评为"北京市2010年度最具贡献度高成长企业"。非诺贝特（IV）片和雅培公司的湿研磨方法比较具有成本低廉、生产效率高、粒径分布窄且易于控制等优势，被列为"首都市民健康计划重点培育项目计划"；盐酸曲美他嗪片（泽维尔）国内首仿，国产品种销量第一；慢性肾病治疗药——复方α-酮酸片（科罗迪）2010年获得"北京市自主创新产品"称号；拉米夫定胶囊（万生力克）为科技部"十一五重大新药创制"承担项目。

续表

序号	企业名称	创新产品、前沿技术	简　介
14	北京科牧丰生物制药有限公司（大北农）	猪支原体肺炎灭活疫苗、猪传染性胃肠炎、猪流行性腹泻二联活疫苗、鸭疫里氏杆菌Ⅰ型、Ⅱ型二价灭活疫苗、宠物疫苗等	大北农集团下属动物医学研究中心是目前同行业中为数不多的高起点、高投入、高科技的企业研究中心，拥有雄厚的资金支持、高实力的研发团队以及国际国内领先的科研设备。每年研发成果和专利近20项，获得新兽药证书3—5个
15	北京生泰尔生物科技集团	黄芪多糖粉、香连消毒液、603新型纳米佐剂、605无油佐剂	拥有多项具有完全自主知识产权的中兽药及兽用疫苗、佐剂核心技术和国家专利。产品在行业中居于主导地位，远销美国、日本、韩国、苏丹等40多个国家，全国90%以上出口畜禽养殖基地、供港活猪养殖基地使用集团产品和相关服务。首创集成超声波破壁低温动态逆流提取技术、在线离心分级纯化技术、低温真空浓缩技术、分子微囊包被技术及高效液相色谱法质量控制技术为一体的中兽药现代化生产技术工艺，提高了产品品质，提高了天然药物的生物利用率，有效控制了重金属和农药残留物

四、招商引资和项目推进

（一）招商和项目落地

中国医学科学院药物研究院、神威药业、四川科创等14个项目签约，总面积1275亩，计划总投资121亿元，预计达产后形成产值148亿元。中国中医科学院药物研究院是我国最大、产出最多的药物研究机构，牵头建成23个国家级及部级药物研发中心、关键技术平台，其中10个以上为全国唯一国家级药物研发中心和基地。

完成华润北药、同仁堂健康、留学生创业园等11个产业项目的土地挂牌，总面积约84万平方米，计划总投资120亿元，预计达产后形成产值176亿元。完成1块商业用地的挂牌。12宗土地成交总价13.35亿元，其中开发成本5.73亿元，出让金和溢价7.62亿元。

2012年签约项目一览表

表9-2

序号	项目名称	面积（亩）	投资额（亿元）	年产值（亿元）	年税收（万元）	产业类型
1	华润北药	640	70	80	120000	园中园
2	医学科学院	200	10	—	—	科研院所

序号	项目名称	面积（亩）	投资额（亿元）	年产值（亿元）	年税收（万元）	产业类型
3	中检院二期	117	10	—	—	检定机构
4	神威药业	100	9.8	7.75	11700	中药
5	四川科创	83	7.5	12.5	9167	中药
6	原子高科	25	2.5	5	5200	抗辐射药物
7	唯美度	20	2.2	3	4000	美容健康
8	怡成生物	20	1.7	4	4000	医疗器械
9	康华兴特	10	0.8	1.3	1000	医疗器械
10	索林医药	10	0.82	2.4	1900	医疗器械
11	贝尔生物	10	0.53	1.66	2100	诊断试剂
12	惠方生物	20	3	5.8	7800	医疗器械
13	东方阳阳	10	0.36	1.2	700	园区配套
14	海悦科创	20	0.3	2.8	2800	医疗器械
	合计	1275	121	148.5	192200	

2012年挂牌项目一览表

表9-3

序号	项目名称	建设用地（亩）	投资额（万元）	产值（万元）	税收（万元）
1	华润集团	640	700000	800000	120000
2	同仁堂健康	129	170000	270000	30000
3	留学生创业园	53	6505	63600	—
4	华夏生生	20	20000	30000	3000
5	九州通	107	70000	120000	6000
6	唯美度	19	22000	32000	4000
7	诚益通	50	50000	100000	6800
8	大得名归	53	23000	75000	3750
9	瀚仁堂	80	68000	120000	24000
10	科牧丰	73	50000	48000	5330
11	蜜蜂堂	35	25000	100000	6240
	合计	1259	1198000	1758600	209120

（二）项目开工

同仁堂集团、五和博澳、华夏兴洋等 12 个新建项目开工，同仁堂制药等 4 个扩建项目开工；总建设用地面积 825 亩，开工总面积 70 万平方米，计划总投资 52.5 亿元，预计达产后形成产值 52.2 亿元。

2012年开工项目一览表

表9-4

序号	项目名称	投资额（万元）	建设用地面积（亩）	建筑面积（平方米）	产值（万元）	税收（万元）
1	邦达	210000	153	306227	—	—
2	同仁堂（集团）	114200	171	97010	229600	30564
3	华夏兴洋	30000	38	25566	40000	1650
4	四海华辰	20000	30	20715	41000	10250
5	五和博澳	15000	33	22741	24000	3000
6	味多美	11000	15	24450	67200	2408
7	赛孚制药	5000	5	3208	5230	680
8	华医圣杰	3000	5	5618	4000	360
9	诚益通科技	16000	50	43451	20370	1236
10	北科院	30800	68	49213	20100	4023
11	联袂义齿	15000	9	15087	3100	300
12	联馨药业	34665	50	32846	29000	2745
13	阿姆斯壮	4350	38	9884	26500	1500
14	世农种苗	500	23	1800	—	—
15	中鸿博雅	4000	82	16940	3000	120
16	同仁堂制药	12000	55	27600	9000	1125
	合计	525515	825	702356	522100	59961

（三）项目竣工

中检院、同仁堂前处理中心、民海生物、康美制药等 15 个项目建成，总建设用地面积 11.4 万平方米，计划总投资 47 亿元，预计达产后形成产值 64 亿元。其中，同仁堂前处理中心、民海生物、元陆鸿远已投产。

2012年建成项目一览表

表9-5

序号	项目名称	建设用地面积(亩)	建筑面积(平方米)	投资额(万元)	年产值(万元)	税收(万元)
1	民海生物	100	44464	23770	100000	8000
2	同仁堂前处理	60	38915	20000	50000	3000
3	元陆鸿远	20	26594	10000	40000	3000
4	四环科宝制药	50	25978	40000	32200	5900
5	康美制药	77	50663	30000	31500	2600
6	世纪东方国铁	21	10600	13500	20000	1500
7	协和药厂	132	26122	61916	120000	15960
8	中检院	200	100383	109000	—	—
9	同仁堂（集团）	171	6597	110000	100000	30564
10	味多美	15	24450	11000	67200	2408
11	华夏兴洋	38	10530	30000	40000	1650
12	赛孚制药	5	3250	3000	5500	900
13	华医圣杰	5	5618	3000	4000	360
14	阿姆斯壮	38	9884	4350	26500	1500
15	中鸿博雅	82	19640	4000	3000	120
	合计	1014	403688	473536	639900	77462

（四）项目跟踪储备

目前医药基地储备了诺华、珍宝岛药业、万全药业、中国健康促进基金会等一批跨国企业、科研机构、国内百强企业。其中重点跟踪推进项目25个，用地需求超过2000亩，总投资超过200亿元，总产值预计超过400亿元。

五、园区发展规划

（一）产业发展前景

"十二五"时期，是国家大力培育和发展战略性新兴产业、加快建设中关村国家自主创新示范区的战略机遇期。加快培育和发展以重大技术突破、重大发展需求为基础的战略性新兴产业，对于推进产业结构升级和经济发展方式转变，提升我国自主发展能力和国际竞争力，促进经济社会可持续发展，具有重要意义。作为战略性新兴产业的重要组成部分，生命科学和生物技术将对改变消耗自然资源的传统发展模式、构建绿色可再生产业体系、促进人类健康产生革命性影响。在生物产业中，生物医药产业是最重要的组成部分。预计到 2015 年，我国生物产业规模将达到 4 万亿元—5 万亿元，其中医药工业的总产值有望实现 3.6 万亿元。

为进一步做大做强生物医药产业，北京市 2010 年启动实施"生物医药产业跨越发展工程"，跨越式提升北京生物医药产业的发展水平和整体规模；计划到 2015 年全市生物医药产业产值突破 1000 亿元；到 2017 年，推动北京生物医药产业成为支撑首都经济社会发展的"具有战略意义的支柱产业"。医药基地作为北京市发展生物医药产业的专属区域，拥有近 10 平方千米的优质产业发展空间，是推动北京生物医药产业整合与提升、承载产业增量的战略空间和主要载体，同时也是引领北京生物医药产业高端化、国际化发展的龙头区域。

（二）产业规划论证

2012 年 3 月，医药基地委托北京生物工程与新医药产业促进中心召开了产业规划专家咨询会，对医药基地未来的战略定位、产业选择、发展模式等重要问题进行了咨询和研讨。来自北京医药行业协会、中国医药企业管理协会、摩立特集团等机构的知名专家出席了会议。与会专家针对园区产业发展规划提出了一系列有针对性的建议和见解，在此基础上医药基地对产业发展规划作了进一步的完善。

（三）重点产业板块

1. 生物制药

（1）疫苗

依托新型疫苗产业园建设，重点引进国内外龙头企业入驻，鼓励企业以产学研联盟模式，建设集科研、生产、流通为一体的疫苗产业基地。整合北京生物技术研发核心区的技术资源，鼓励采用创新技术手段改进现有传统疫苗，鼓励开展国际合作项目，加快针对新型重大传染疾病和治疗用新型人用疫苗的研制，重点发展多联多价疫苗、蛋白结合疫苗、治疗性疫苗、新型佐剂疫苗等新型疫苗，聚焦发展甲型 H1N1 等突发公共疾病防治疫苗、乙肝治疗性疫苗、手足口病疫苗、癌症疫苗、HIV 疫苗等重点产品，逐步实现产品的升级换代，重点支持一批新型疫苗研发和产业化项目在园区落地。同时依托新航城建设，完善疫苗冷链供应物流基础设施，扩大疫苗产品市场覆盖范围。逐步将医药基地打造成为我国最大的人用疫苗生产基地。

（2）抗体药物

北京是我国三大抗体药物中试及产业化基地之一，拥有优越的抗体药物开发与产业化实施环境，医药基地将依托抗体药物研发和产业化基地建设，吸引国内外具有抗体药物研发创新优势企业和机构入驻园区发展，争取国家新药创制重大专项研发项目、基础研究和关键技术平台项目落户园区，重点推进一批在研抗体新药项目，积极承接和转化一批抗体药物创新成果，实现规模化生产。积极与以百泰生物和天广实生物技术有限公司为代表的重点企业进行项目交流，同时加强和国内外相关重点科研机构建立合作开发机制，推进园区在肿瘤抗体药物、自身免疫性抗体药物、心血管疾病抗体药物和抗移植排斥抗体药物等项目领域的产品研究和产业化进程，支持对整个产业具有引领和带动作用的产业化项目，稳固北京市在抗体药物制剂领域的竞争优势，成为北京抗体药物产业基地的重要组成部分。

（3）基因工程药物

依托基因工程药物产业园建设，南扩区将充分整合北京市在基因工程领域的技术优势与产业资源，适时引进代表国际先进水平的基因工程药物创新品种，推动治疗国内重大疾病领域的多肽药物、核酸药物、病毒载体药物、凝血因子等产品的研究开发和产业化，吸引国内外具有基因工程重组药物研发创新优势企业和机构入驻园区发展，争取国家新药创制重大专项研发项目、基础研究和关键技术平台项目落户园区，积极承接和转化一批基因工程药物创新成果，实现规模化生产。重点发展重组胰岛素、重组生长素激素、重组干扰素类、重组人促红细胞生成素、重组人促卵泡激素、粒细胞／单核细胞集落刺激因子等重组蛋白药物，使医药基地在基因工程药物技术水平上达到国内领先水平。

2.现代中药

医药基地中药产业已经具备较强的品牌和规模实力，集聚了同仁堂、北京以岭、康美药业、神威药业等一批全国知名企业。未来将依托入区中药龙头企业进一步推动品牌特色中药产业园建设，以品牌效应汇聚国内一流的中药产业要素资源，重点引进一批拥有创新品种和特色品种的中药企业落户园区发展，完善中药饮片生产加工、成药制剂研发生产以及成药配送销售的产业链条，做大做强具有地方特色和品牌优势的中药品种，积极开拓预防和保健领域市场。发展重点为培育一批治疗效果确切、物质基础清楚、作用机理明确、质量稳定可靠的中药大品种，积极开发具有预防保健功效的新品种。

3.创新高仿化学药

基地在创新高仿化学药领域具有一定产业基础，主要企业有华润北药、悦康药业、新和成控股等。下一步将依托创新高仿化学药产业园建设，与现有区的华润医药园相呼应，重点发展按照原研药质量标准开发专利集中到期的重磅通用名药，并迅速进行产业化。引进一批低能耗、低污染的国内外高端创新化学药生产企业落户园区发展，积极鼓励企业将总部、研发中心、高端制剂生产等核心环节设立在园区，鼓励企业开展专利药仿制和生产线国际认证，积极拓展国际主流市场。

4. 新型医疗器械

（1）诊断试剂

培育壮大附加值较高的第三类体外诊断试剂细分领域，在继续扶持以肿瘤标志物生物芯片为代表的现代高通量生物技术集成诊断试剂产品的同时，可进一步开发拓宽产品种类，未来打造高端体外诊断试剂产业群。引进开发诊断各种病毒性肝炎、肝癌等诊断性生物芯片等，研发出具有自主知识产权的、在国内外领先的、具有市场竞争能力的品种，包括 DNA 序列分析产品、遗传病和肿瘤诊断产品、传染性疾病诊断试剂（如艾滋病、结核病等）产品、新药开发与组分筛选用产品等。同时，大力鼓励与推进体外诊断试剂与计算机技术、数字化技术、图像处理技术、精密器械制造技术、荧光光谱等学科的结合与综合运用，实现相关配套设备器材的开发与产业化应用，进一步提高企业产品科技附加值，体现园区创新特色。

（2）医用生物材料和组织工程医疗产品

以高端医疗器械产业园为依托，将"医用生物材料和组织工程医疗产品"作为园区重点培育的细分产业，重点支持一批骨干龙头企业，引进创新型医用生物材料与组织工程医疗产品类医疗器械优秀项目，推进生物工程、细胞工程、纳米技术相关的表面生物活化或改性类医用植入器械产品，包括细胞治疗生物型人工器官及材料、新型药物涂层缓释心血管支架、植入型导管、血管内滤器、牙种植体、组织诱导性医用植入器械、可吸收椎间融合器等高端项目的产业化等，形成该类医疗器械的产业集群。

5. 生物农业及兽药

在大北农、生泰尔等重点企业基础上发展以动物疫苗为代表的动物保健类产业化项目，包括主要预防动物疾病领域为高致病性禽流感、口蹄疫、高致病性猪蓝耳病、猪瘟、新城疫、小反刍兽疫、狂犬病、炭疽、布鲁氏菌病、猪流行性乙型脑炎等农业部重点部署的重大动物疫病疫苗、免疫增强剂、诊断试剂、检测试剂盒，人畜共患传染病的预防、诊断和治疗用品。在发展目前家畜、家禽两大系列 30 多个优势动物疫苗品种的基础上，完成从以单纯自主市场营销模式为主，向市场与政府采购相结合营销模式的转变，实现园区动物生物制品产值的上升突变。

6.保健品

根据园区发展现状，结合保健品的细分市场需求及发展变化，南扩区将以大健康产业园建设为依托，将保健品制造业与健康服务业相结合，以中医药养生保健为特色，发展包括常见慢性病辅助类保健品、美容类保健品、减肥类保健品、提高免疫力类保健品等，占据国内保健品高端市场。同时适度引导园区内食品加工企业向附加值更高的保健食品行业进军，促进园区食品加工企业产品结构升级，重点支持以特色食材、中药材、蜂产品为原材料，利用先进提取工艺、酶工程、发酵工程等现代技术加工生产的功能性保健食品，引导食品加工企业进军保健品生产行业，带动园区存量企业实现产业升级。

（四）总体目标

医药基地将通过引进高端产业要素资源，形成新兴研发、高端制造、健康服务的大健康产业体系；围绕提升创新活力、成果转化能力、高端产业实力、产业协作能力、人文环境软实力打造基地核心竞争力，实现基地向全产业链联动、高端特色突出、产业形态多元全面升级。

到2015年，医药基地一期11.24平方千米产业规模将显著提升；南扩区8平方千米的土地一级开发将取得实质进展。力争到2020年，完成医药基地南扩区项目布局和早期项目的投产见效，把大兴生物医药产业基地建设成集现代生物医药高端制造业和生物医药生产性服务业为一体的国际化高端大健康产业聚集区，到"十三五"末打造千亿级生命健康产业集群，引领和支撑北京生物医药产业跨越发展。

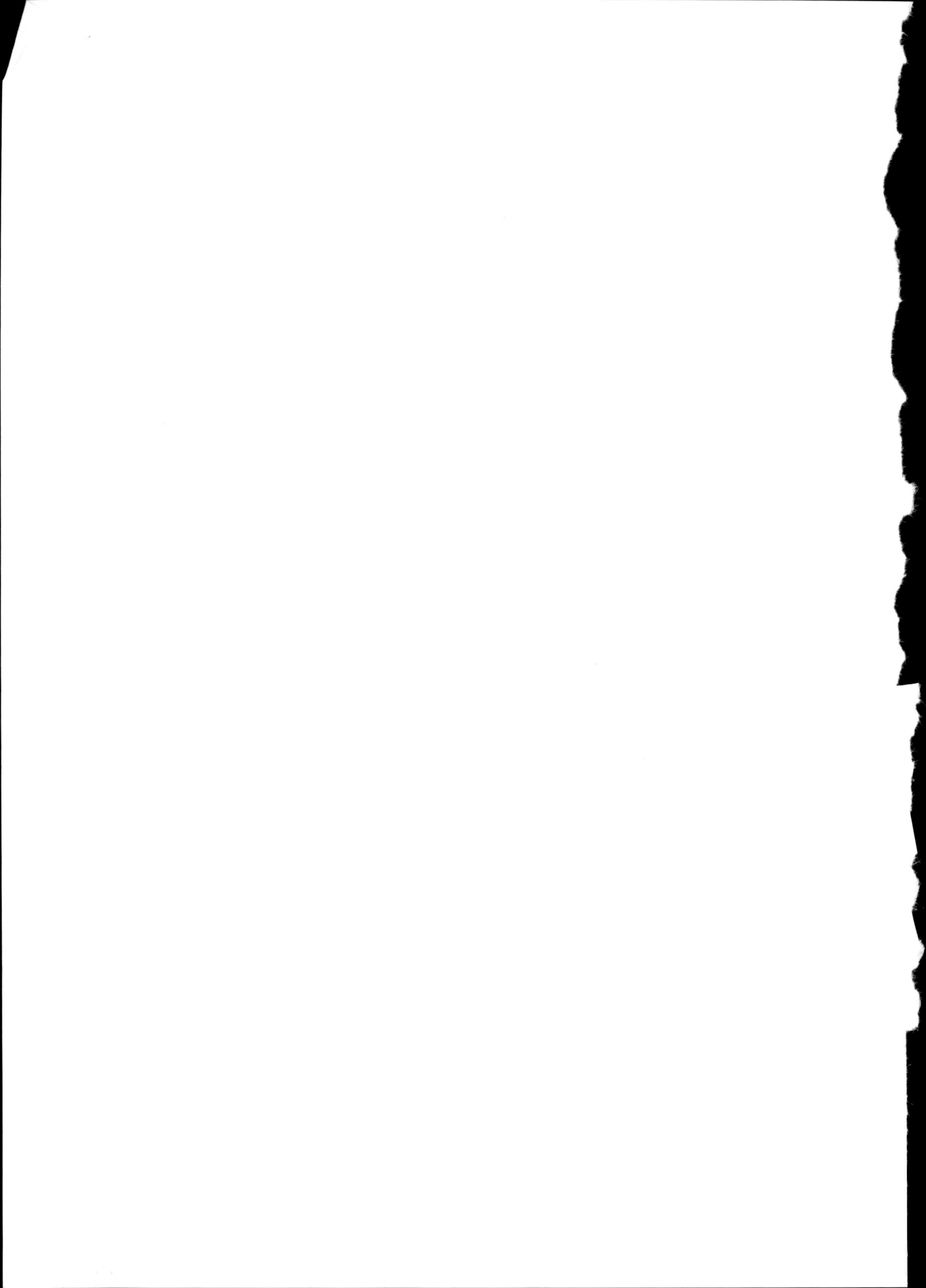